KB252798

한국 문화기행 시리즈 1

구리·남양주 문화유산기행

윤종일 著

국학자료원

구리·남양주 문화유산기행

윤종일 著

책을 펴내면서

　구리/남양주지역은 왕릉을 비롯한 수많은 문화유적과 수려한 경관으로 하여 수도권에 거주하는 많은 사람들의 사랑을 받는 자랑스러운 고장입니다. 특히 선사시대부터 조선시대에 이르기까지 풍부하게 남아있는 문화유산들은 구리/남양주지역이 단순한 관광지를 넘어서, 살아있는 역사교육의 장으로서 적극 활용될 수 있는 지역임을 말해주고 있습니다.

　21세기는 특히 문화, 환경 등 삶의 질적 조건이 강조되는 시대가 될 것입니다. 이를 적극적으로 뒷받침하기 위해서는 첨단 기술문명과 전통·정신문화의 조화로운 접목이 필요할 것입니다. 선조가 남긴 빛나는 문화유산을 조사 연구하고 전통사상을 재조명하고 재해석하는 일은 오늘의 삶을 더욱 건전하고 풍요롭게 해주는 일이 되리라 봅니다.

　이에 구리/남양주지역의 향토문화를 널리 알리고 역사문화 체험학습에 도움을 주고자 『구리/남양주 문화유산기행』을 기획하였습니다. 『구리/남양주 문화유산기행』은 전문적인 학술 연구서가 아니라, 문화유산에 대한 대중적 관심에 부응하여, 문화재에 대한 이해를 돕고 보다 편리하게 유적답사를 할 수 있도록 준비되었습니다. 아직 미흡한 점이 드러나기는 하지만 차후 보완 · 수정해 나갈 것임을 약속하면서 조금이나마 구리/남양주 시민 · 학생들의 문화의식 고취와 향토사랑에 밑거름이 되기를 기원합니다.

　끝으로 『구리/남양주 문화유산기행』을 발간하기까지 도와주신 모든 분들과 국학자료원 정찬용 사장님께 깊은 감사의 말씀을 드립니다.

계미년 정월에

윤　종　일

구리·남양주 문화유산기행

길잡이 7 (한강변 일대)

구리 / 남양주의 역사

　구리/남양주는 선사시대의 유물·유적이 다수 발견되는 지역으로 신석기시대부터 취락이 형성되었던 것으로 밝혀지고 있다. 삼한시대(三韓時代)에는 이미 부족국가로 성장하였을 것으로 추정되지만 확실한 근거는 찾을 수 없다. 구리/남양주일대를 가리키는 지명으로 사료에 처음 나타나는 명칭은 풍양(豊壤)이다. 《삼국사기(三國史記)》권35, 雜誌 4, 地理(二)에 기록된 사실에서 삼한시대(三韓時代)부터 부족국가로 성장해 간 것으로 판단된다. 이 책의 지리조에는 '한양군(漢陽郡)은 본래 고구려의 한산군(漢山郡)을 진흥왕(眞興王)이 주(州)로 만들어 군주(軍主)를 두었고, 경덕왕(景德王)이 개명하였는데 지금의 양주옛터(楊州舊墟)이다. 그 영현(領縣)은 둘로 황양현(荒壤縣)은 본래 고구려의 골의노현(骨衣奴縣)을 경덕왕이 개명하였는데 지금 풍양현(豊壤縣)이라 부르고…' 라는 기사가 보인다. 또 《신증동국여지승람(新增東國與地勝覽)》에 "풍양궁은 주(州)의 동쪽 50리에 있으며, 본래 고구려시대 골의노현(骨衣奴縣)이며, 신라가 황양(荒壤)으로 고쳐 한양군의 영현(領縣)이 되었다. 고려 때에 풍덕으로 고치고, 현종 9년 양주에 속하고 후에 포주(抱州)에 속하다가 조선시대 세종 원년 본래로 귀속되었

「청구도」(1834)에 나타난
구리·남양주 지도

다"는 기사가 보인다.

현 구리/남양주지역은 광개토대왕의 남하정책이 있기 전에는 한강변에 도읍을 정한 백제의 영토였을 것으로 추정된다. 현 남양주시 진접읍, 진건면 일대를 마한(馬韓)의 고리국(古離國)에 비정한 견해(이병도)가 있는데 이는 광개토대왕비문에 보이는 고리성(古利城)과 골의노현(骨衣奴縣)의 음이 유사한 데에서 근거하고 있다.

이러한 점을 고려해 볼 때, 구리/남양주지역은 마한의 고리국에서 백제의 고리국으로, 396년 고구려 점령으로 골의노현으로(古離→古利→骨衣) 바뀌었음을 알 수 있다. 이와 함께 광개토대왕의 남진정책 이후 구리/남양주 일대의 한강유역이 삼국간 세력쟁패의 각축장이 된 것으로 보인다.

475년(장수왕 63년) 고구려군 3만명이 백제의 한성을 함락시킴으로써 한강 이남이 고구려 관할하에 들어가게 되고 구리/남양주지역은 고구려 매성(買城; 또는 昌化郡)에 소속되었다. 이에 남양주지역은 한산주(漢山州)에 속한 북한산군(北漢山郡) 관내인 골의노현(骨衣奴縣; 현재의 진접읍 일대)에 속하였다. 이렇게 구리/남양주의 지명은 백제와 고구려의 쟁패에 따라 변화가 자주 나타나고 있다. 이후 신라가 한강유역에 진출하기 전까지 고구려가 80여년간을 장악, 통치하였다. 고구려 영역이 되었던 한강 일대는 나제동맹(羅濟同盟)의 성립에 따라 551년(성왕 29년) 일시적으로나마 백제에 다시 속하였지만 553년(진흥왕 14년)에 신라의 공격으로 신라에게 넘어갔다.

삼국통일 이후 구리/남양주지역은 한양군(漢陽郡)에 속하였
다가, 고려시대 한양군(漢陽郡) 황양현(荒壤縣; 현재의 진접
읍·진건면 지역)에 속하게 되었다.

고려의 왕건(王建)이 898년 궁예의 휘하에 있을 때 양주(楊
州)와 견주(見州; 현 양주군 주내면)를 점령했다는 기록을 찾아
볼 수 있으나, 언제 양주로 바뀌었는지는 확실하지 않다. 또한
왕건이 고려를 건국하고 견훤(甄萱)에게 양주를 식읍(食邑)으
로 하사했다는 기록에서 양주가 고려 건국 이후 왕실에서 직접
관할하는 직할지 역할을 했을 것으로 보인다.

양주가 고려 지방통치체제에서 정식으로 등장하는 것은 983
년(성종 2년)에 설치된 12목 중의 하나인 양주목(楊州牧)으로
등장하면서부터이며, 1018년(현종 9년) 지방관제가 개편되면
서 양주는 목(牧)에서 지주사(知州事)로 강등되었다. 지주사로
의 강등은 군사적인 성격이 없어지고 민정적인 성격으로 바뀌
고 그 중요성이 감소되었음을 뜻하는 것이다.

그러나 1067년(문종 21년)에 양주는 3경(京)의 하나인 남경
(南京)으로 승격되어 지방제도에서 최상의 위치를 차지하게 되
었다. 이후 남경은 1308년(충렬왕 34년) 한양부(漢陽府)로 개
편될 때까지 고려 지방행정의 근간으로서 중요한 기능을 수행
하게 되었다.

양주는 조선시대에 들어와 한양부에서 떨어져 나와 지양주
사(知楊州事)로 되었다가, 1397년(태조 6년) 부(府)로 승격,
1413년(태종 13년) 견주도호부(見州都護府; 속현으로 견주·풍

양·사천이 있었음)가 되었다. 연산군은 1504년(연산군 10년) 양주목을 폐지, 금표(禁標)를 설치하고 사냥터와 강무장(講武場)으로 사용하였으나, 1511년(중종 6년)에 다시 복치(復置)하였다.

16세기에서 19세기 중엽까지 양주지역의 명칭은 크게 변화하지 않았으나, 구한말 전국적인 행정구역 개편 속에서 변화가 발생하였다. 1895년(고종 32년) 양주는 한성부(漢陽府)에 속하게 되고, 1896년 칙령 제36호에 의해 경기도 양주군으로 개편되었다.

일제가 조선을 병탄하면서 1914년 4월 1일 전국에 걸쳐 침략적 성격의 행정구역 통폐합 조치를 단행하였는데 이때 구리/남양주지역은 양주군의 몇 개 면과 광주군 초부면 등으로 분산되어 구획되었다. 1914년에 단행된 행정구역 통폐합은 한때의 기구정비에 끝나지 않고 현재까지도 전국 행정구역의 기본 골격을 이루고 있다.

이후 1922년 양주군 청사가 주내면 유양리에서 위치가 양주면으로 이전하였고, 1980년 4월 남양주군이 양주군에서 2읍(邑) 6면(面)으로 분리하였으며, 1986년 1월 구리읍이 구리시로 승격분리, 1989년 1월 미금읍이 미금시로 승격 분리하였다. 그러나 1995년 1월 미금시와 남양주군이 통합하여 도농 복합형태의 남양주시로 발족하고, 현재의 구리시와 남양주시에 이르고 있다.

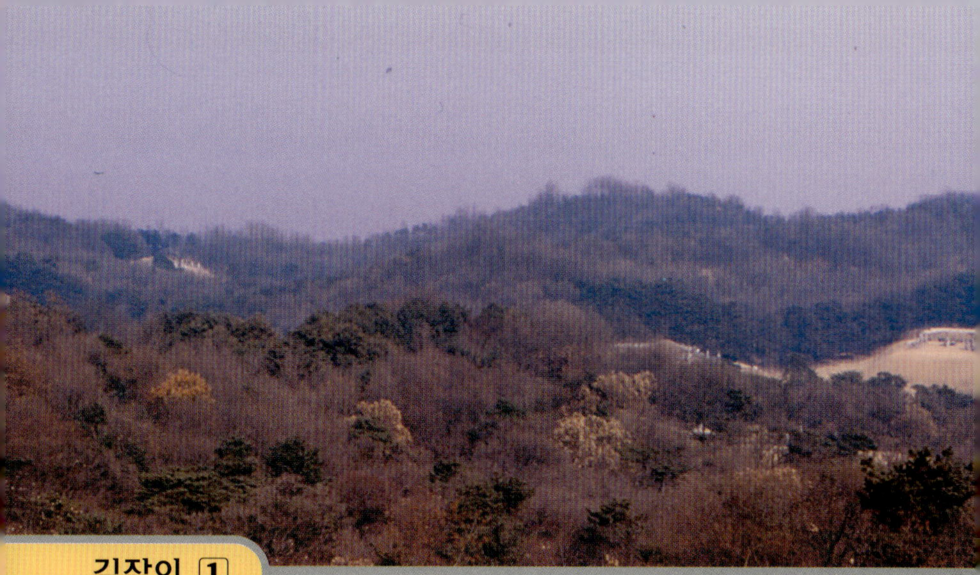

길잡이 1

조선의 성역

동구릉 권역

건원릉 → 현릉 → 목릉 → 숭릉 → 휘릉
→ 혜릉 → 원릉 → 경릉 → 수릉

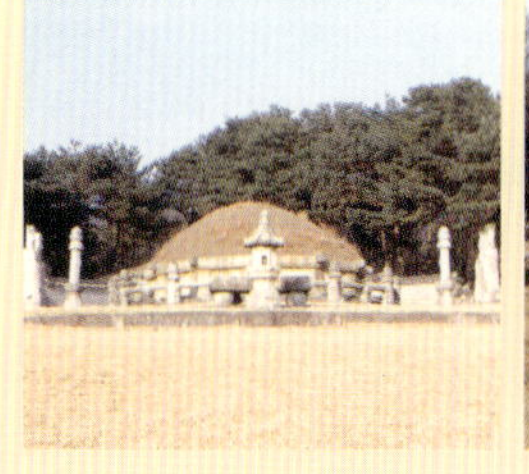

건원릉 근경

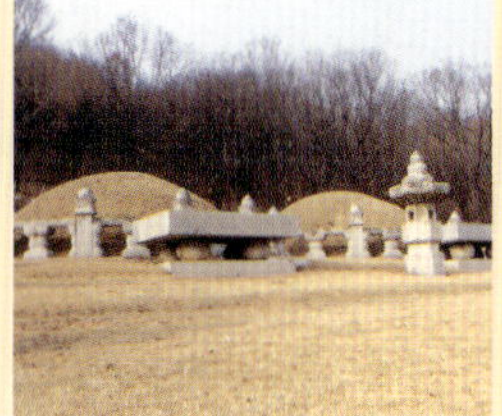

숭릉 근경

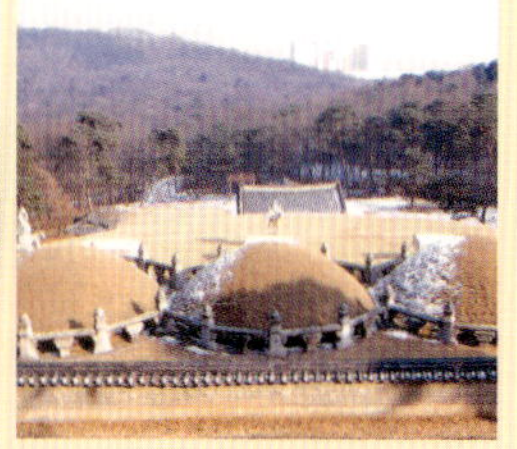

경릉 근경

동구릉 배치도

건원릉
태조
목릉
선조
목릉
선조비
의인왕후 박씨
목릉
선조계비
인목왕후 김씨
휘릉
인조계비
장열왕후 조씨
경릉
현종
현종비
효현왕후 김씨
현종계비
효정왕후 홍씨
원릉
영조
영조계비
정순왕후 김씨
현릉
문종
현릉
문종비
현덕왕후 권씨
수릉
추존왕 익종비
신정왕후 조씨
숭릉
현종
현종비
명성왕후 김씨
혜릉
경종비
단의왕후 심씨
관리사무소
← 구리 / 서울
→ 퇴계원 / 의정부

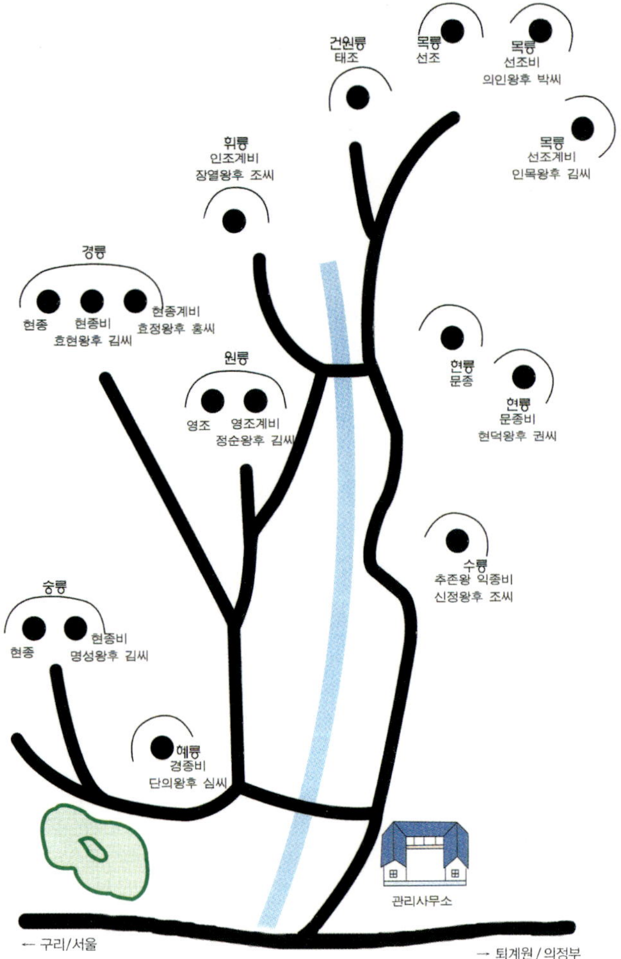

동구릉(東九陵) (사적 제193호)

소재지 : 구리시 사노동 산2-1

동구릉 전경

　동구릉(東九陵)은 왕릉들을 답사하기에 앞서 반드시 둘러보아야 할 조선 왕조 최대의 왕릉군(王陵群)이다.

　전체 묘역은 조선조 태조(太祖) 이성계의 건원릉(建元陵) 조성에서 시작하여 순조(純祖)의 세자인 문조(文祖; 翼宗)와 그 비인 신정왕후 조씨(神貞王后趙氏)의 능인 수릉(綏陵)이 조영되어 동구릉의 면모를 갖추었으며 마지막으로 1904년 헌종(憲宗)의 경릉(景陵) 묘역에 계비 효정왕후 홍씨(孝定王后洪氏)의 봉분이 조성됨으로써 17위의 왕과 왕비, 후비(後妃) 등이 안장

「해동지도」(1750년대)

「경기지」(1842~3년)

되어 현재의 모습을 이루게 되었다. 건원릉의 선정은 태조가 생전에 무학대사(無學大師)를 시켜 길지(吉地)를 택하라고 명하여 이곳을 결정했다는 전설(傳說)도 있으나 실제는 태종의 명으로 도성(都城) 가까운 곳에서 길지를 물색하다가 검교참찬의정부사(檢校參贊議政府事) 김인귀(金仁貴)의 추천으로 결정하였다. 건원릉을 포함하여 이곳에 총 9개의 능역(陵域)에 17위의 왕과 왕비를 안장한 것을 볼 때 59만평에 이르는 경역(境域)은 풍수지리상의 길지임에 틀림없다.

두 번째로 조성된 능은 제5대 문종(文宗)과 왕비 현덕왕후 권씨(顯德王后權氏)의 현릉(顯陵)으로 동원이강(同原異岡)의 형식을 갖추고 있다. 다음은 동구릉 가장 안쪽에 위치한 제14대 선조(宣祖)와 왕비 인목왕후 김씨(仁穆王后金氏)를 모신 목릉(穆陵)이 동원이강의 변형으로 새 언덕에 조성되었다.

그 뒤 동구릉 가장 남쪽에 제18대 현종(顯宗)과 왕비 명성왕후 김씨(明聖王后金氏)의 숭릉(崇陵)이 쌍릉(雙陵)의 형식으로 조성되었고, 1688년 건원릉 서쪽에 4대를 걸쳐 살아 복상문제를 불러 일으켰던

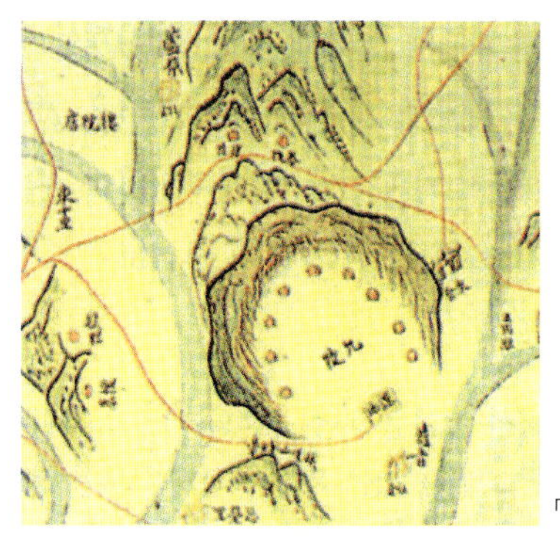

「양주지도」(1872년대)

제16대 인조(仁祖)의 계비인 장렬왕후 조씨(莊烈王后趙氏)의 휘릉(徽陵)이 자리잡게 되어 이때부터 동오릉(東五陵)의 명칭으로 불리게 되었다.

그 후 1718년 세자빈으로 승하한 후 추존된 제20대 경종(景宗)의 왕비 단의왕후 심씨(端懿王后沈氏)가 묻힌 혜릉(惠陵)이 자리잡고, 다음으로 제21대 영조(英祖)와 계비 정순왕후 김씨(貞純王后金氏)를 모신 쌍릉(雙陵) 형식의 원릉(元陵)이 조성됨으로써 동칠릉(東七陵)의 명칭이 나타난다.

다음으로 제24대 헌종(憲宗)과 왕비 효현왕후 김씨(孝顯王后金氏)·계비 효정왕후 홍씨(孝定王后洪氏)의 능묘인 경릉(景陵)이 나란히 세 개의 봉분으로 자리잡은 삼연릉(三連陵)의 형식으로 이루어졌다.

마지막 능은 조성 과정이 복잡하다. 제23대 순조(純祖)의 아들이자 제24대 헌종(憲宗)의 아버지로 추존왕인 익종(翼宗)을 모신 수릉(綏陵)은 처음 1830년대에 성북구 석관동 소재 의릉

(懿陵) 옆에 조성되었다가 양주 용마봉(龍馬峰) 아래로 옮겨지고 또 다시 1855년(철종 6년)에 건원릉 왼쪽에 봉안하였기에 조성 시기로 볼 때는 동구릉의 마지막 능이지만, 익종(翼宗)의 수릉(綏陵)이 계서(階序)로는 헌종(憲宗)의 경릉(景陵)을 앞서게 된다. 동구릉의 명칭이 사용된 것은 익종(翼宗)의 수릉(綏陵)이 조성된 1855년부터였다.

동구릉은 시대별로 양식을 달리하는 여러 유형의 왕릉들이 한 지역에 자리잡고 있어 왕릉 탐구에 더없이 귀중한 문화유적이라 할 수 있다.

건원릉(建元陵) - 태조

건원릉 전경

　건원릉(建元陵)은 1408년(태종 8년)에 조영된 조선왕조 개창의 군주 태조(太祖)의 능이다. 이 능은 고려시대의 왕릉 중 상설(象設)제도가 가장 완벽한 현릉(玄陵; 공민왕릉)과 정릉(正陵; 노국대장공주릉)의 양식을 참고하여 만들어졌다. 따라서 기본적으로 고려 능제를 계승하고 있으나 세부적인 조형과 배치, 곡장(曲墻)의 법식 등에 조선적인 특색을 보여주고 있어 이후 조선왕조의 왕릉 제도의 규범이 되었음을 알 수 있다.

　왕릉의 배치를 살펴보면 먼저 석교(石橋)를 건너 홍살문(紅箭門)을 지나면 정자각(丁字閣)에 다다른다. 정자각 앞 왼편에

건원릉 근경

는 축문(祝文)을 태우는 곳인 망료위(望燎位)가 있고 동남방에
는 신도비(神道碑)가 자리잡고 있다. 봉분(封墳)은 3면의 곡장
(曲墻) 안에 단릉(單陵)의 형식을 취하고 있다. 봉분의 기부(基
部)는 12각(角)의 호석(護石)을 둘렀으며 주변에 박석(薄石)을
경사지게 덮고 석난간을 설치하였다. 호석(護石) 각면의 우석
(隅石)에는 중심에 태극무늬가 있는 영탁영저문(靈鐸靈杵文)을
시문(施文)하고 아래쪽에는 영지(靈芝)를 새겼다. 각 면석(面
石)에는 와운문(渦雲文)과 수관인신(獸冠人身)의 십이지신상
(十二支神像)을 양각하고 면석의 위 아래에는 연화문을 새겨놓
았다. 봉분 앞 중앙에 상석과 장명등(長明燈)을 설치하고 양 옆
에는 한쌍의 망주석(望柱石)을 두었으며, 한단 아래의 좌우에
문인석(文人石)이 서 있고 그 뒤에 석마(石馬)가 배치되어 있
다. 다시 한 단을 내려 무인석(武人石)과 석마(石馬)가 동일한
형태로 배열되어 있다. 전체적으로 석물제도가 짜임새가 있고

22

웅건하여 왕릉의 위엄을 잘 나타내준다.

봉분에 자라고 있는 억새풀은 태종이 고향 함흥을 그리워하는 태조에게 함흥 산의 억새풀로 마지막 옷을 해드렸다는 설화가 전해지고 있어 태조와 태종 부자간에 얽힌 애증의 사연들을 들려준다.

알고가기

왕릉배치의 유형

- 단릉(單陵) : 왕과 왕비의 봉분을 별도로 조성한 형식.
  건원릉(태조) / 휘릉(제16대 인조 계비 장렬왕후 조씨) /
  혜릉(제20대 경종 비 단의왕후 심씨)
- 쌍릉(雙陵) : 동강이분(同岡異墳), 같은 언덕에 왕과 왕비의 봉분을 나란히 배치한 형식.
  숭릉(제18대 현종과 명성왕후 김씨) /
  원릉(세21대 영조와 계비 정순왕후 김씨)
- 삼연릉(三連陵) : 동강이분(同岡異墳), 같은 언덕에 왕과 왕비, 계비의 봉분을 함께 배치한 형식.
  경릉(제21대 헌종과 비 효현왕후, 계비 효정왕후 홍씨)
- 동원이강릉(同原異岡陵) : 한 언덕의 다른 줄기에 별도의 봉분을 조성한 형식
  현릉(제5대 문종과 현덕왕후 권씨)
- 동원이강릉 변형 : 목릉(제14대 선조와 의인왕후 박씨, 계비 인목왕후 김씨)
- 합장릉(合葬陵) : 동분이광(同墳異壙), 왕과 왕비를 하나의 봉분에 합장한 형식.
  수릉(추존왕 익종과 비 신정왕후 조씨)

건원릉

곡장
호석
양석
호석
병풍석
양석
석난간
망주석
혼유석 (상석)
명등석 (장명등)
문인석
마석
무인석
마석
정중석
소대
비각
정자각
망료위
어로 (신로)
수복방
판위
홍살문

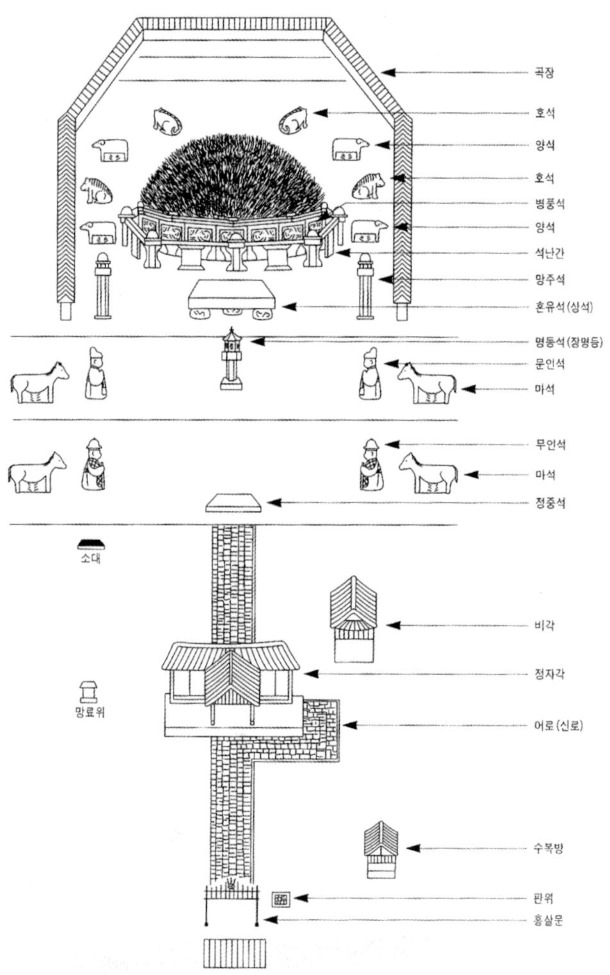

건원릉 상설도

알고가기

- 신도비(神道碑) : 신도비는 피장자(被葬者)의 가계(家系)와 공업(功業) 등을 기록한 비(碑)로 능묘의 동남방에 세워 신도 (神道)를 표시한다. 조선 초기 이래 사대부들의 신 도비는 많이 세워졌으나 왕릉은 태조 건원릉(建元 陵)·태종 헌릉(獻陵)·세종의 구영릉(舊英陵)에만 신도비를 세웠으며 그 뒤로는 폐지되었다. 왕릉의 신도비가 폐지된 것은 임금의 치적은 낱낱이 사서 (史書)에 기록되기 때문이었다. 광주(廣州) 구영릉의 신도비는 1973년 다른 석물들과 함께 발굴하여 서 울특별시 동대문구 청량리 세종대왕기념관에 옮겨 놓았다.

- 홍살문(紅箭門) : 일명 홍문(紅門)이라고도 하며 능(陵), 원(園), 묘 (墓), 묘(廟), 사찰, 서원 등의 입구에 세우는 붉은 칠을 한 목문(木門)이다. 신성(神聖) 지역을 알리는 일종의 금문(禁門)으로 형태는 30자 이상의 둥근기 둥 2개를 세우고 상부에는 화살형의 나무를 나란히 박아 놓았다. 왕릉의 홍살문 오른쪽에는 왕의 참제 시에 홍살문 앞에서 내려 절을 하고 들어가는 판위 가 있다.

- 핀위 · 홍실문 옆에 전톨을 쌓아놓은 한 평(坪) 크기의 정사각형의 터. 제사를 지낼 때 수릉관, 헌관, 행축을 올리는 신하들이 이 곳에서 절을 네 번 한 후 들어갔고 나올 때도 네 번 절을 하였 다. 평소 능을 찬례하는 신하들은 배위(拜位)에서 절을 올렸다.

- 참도(參道) : 홍살문에서 정자각(丁字閣)까지 박석을 깐 참도가 길게 펼쳐져 있다. 참도의 왼쪽은 단을 약간 높여 깔았는데 영령이 다니는 신로(神路)이기 때문이다.

- 정자각(丁字閣) : 정자각은 능원의 앞에 있는 제전(祭殿)으로 형태가 '丁'자 모양을 하고 있어 붙여진 명칭이다. 좌우에 계단이 설치되어 제향(祭享) 때 동입서출(東入西出) 의 법식을 지킬 수 있도록 하였다. 일반적으로 정면 3칸과 측면 1~2칸 정도의 크기에 맞배지붕 양식으 로 이루어져 있으며 실내에 신좌(神坐)를 설치하고 각종의 기제일에 의례를 행하였다.

- 망료위(望燎位) : 제례를 행할 때 축문 등을 태우는 곳. 소대. 예감이라고도 한다.

- 정중석(산신제석) : 왕릉에 제사를 올리고 난 후 능의 오른쪽에 있는 돌에서 산신제를 올린다.

- 수라간(수복방) : 제사를 지낼 때 제물을 마련하는 곳. 제사 그릇을 보관하고 능을 지키는 곳이다. 왕이 승하하면 국장으로 장례를 치루고 탈상 때까지 대군, 공주, 군, 옹주, 문무백관들이 머물며 제사를 준비하던 집이다.

- 상설(象設) : 석양(石羊), 석호(石虎), 상석(床石), 혼유석(魂遊石), 망주석(望柱石), 장명등(長明燈), 문인석(文人石), 무인석(武人石), 석마(石馬) 등을 통틀어 일컬음.

- 장명등(長明燈) : 분묘 앞에 세우는 석등(石燈)의 일종. 등불이 들어가는 화사석(火舍石)은 사각 형태가 많으며 화창(火窓)을 내지 않고 형태만 취한 경우도 많다. 장명등의 기능은 묘역을 밝히는데 있으나 피장자의 신분을 표시하기도 한다. 사찰의 석등은 장명등과 달리 광명등(光明燈)으로 칭함.

- 망주석(望柱石) : 무덤을 꾸미기 위하여 무덤 앞의 양옆에 하나씩 세우는 돌로 만든 기둥. 멀리서 바라보아 쉽게 알아볼 수 있도록 하기 위한 표석의 기능을 한다. 기둥에는 동물(細虎)이 조각되어 있으며 오른쪽은 위로 향하고, 왼쪽은 아래로 기어내려가는 모습이 조각되어 있다.

- 상석(床石) : 능원이나 분묘의 봉분 앞에 설치해놓은 석물, 상석 아래에는 귀면(鬼面) 모양을 한 고석(鼓石)이 상석을 받치고 있는데 귀면 문양은 사악한 것을 경계하는 것임. 상석과 함께 설치되는 것으로 혼유석과 향로석이 있다.

• 혼유석(魂遊石) : 능원에는 봉분 앞에, 일반 분묘에는 상석과 봉분 사
이에 놓는 장방형의 돌로 영혼이 나와서 놀도록 마
련한 곳으로 근래에는 상석과 통용됨.

• 향로석(香爐石) : 네다리를 형식적으로 새겨 향탁(香卓) 모양으로 깍
아 상석 앞에 세우는 것.

• 호석(護石) : 무덤의 외부를 보호하기 위하여 돌을 이용하여 만든 시
설물. 통일신라 이후 장식적인 면이 강조되어 판석으로
둘레돌을 세우고 그곳에 십이지신상(十二支神像)을 조각
하여 무덤의 수호신 구실을 하게 하였음.

• 곡장(曲墻) : 능묘를 보호하고 안정감을 주기 위해 봉분을 중심으로
동·서·북쪽의 3면에 원장(垣墻)을 두르는데 본래 담을
둥글게 쌓았기 때문에 곡장이라 부름.

현릉(顯陵) - 문종/현덕왕후

현릉 전경

　현릉(顯陵)은 조선 제5대 문종(文宗)과 왕비 현덕왕후 권씨(顯德王后權氏)의 능이다. 현릉의 봉분은 동원이강식(同原異岡式)으로 능역을 서로 다른 구역에 능지를 정하였다. 문종의 능은 1452년에 조영되고 왕비의 능은 다른 곳에서 옮겨왔다. 현덕왕후 권씨는 세자빈 시절 세손을 낳고 산후조리가 좋지 않아 승하하였으며 1442년 안산 소릉(昭陵)에 묻혔다가 문종 즉위 후 왕비로 추봉되었다. 그러나 왕비로 추봉된지 얼마되지 않아 친정이 단종(端宗) 복위운동에 연루되어 극형을 받자, 왕비도 추폐되어 서인(庶人)으로 격하되고, 왕비의 능마저 파헤쳐지고 물가로 옮겨졌으며 종묘(宗廟)에 모신 신위까지도 철거되는 비운을 당하게 된다. 다행히 성종(成宗) 때 남효온(南孝溫)이 종묘에 문종 신위만 홀로 있는 것이 민망하다고 왕비의 복위문제를 정식으로 거론하였다. 이를 계기로 연산군~중종을 거쳐 계속 거론된 끝에 1513년(중종 8년)에 복위되어 왕비의 능은 현재의 위치로 옮겨오게 되었다.

　현릉의 부속물들은 세종(世宗) 영릉(英陵)에서 확립되었던 능제를 따르고 있으며, ≪국조오례의(國朝五禮儀)≫의 능제를 보여주고 있는 가장 오래된 왕릉이다. 그리하여 정자각 오른쪽에 세워지던 왕의 신도비가 폐지되고, 봉분을 둘러싸고 있는 십이지신상(十二支神像)도 인신수면상(人身獸面像)에서 단순한 문자표식(文字標識)으로 바뀌어졌다.

현릉(문종)

현릉(현덕왕후)

목릉(穆陵) － 선조/의인왕후/인목왕후

목릉(선조) 전경

　목릉(穆陵)은 제14대 선조(宣祖)와 왕비 의인왕후 박씨(懿仁王后朴氏), 계비 인목왕후 김씨(仁穆王后金氏)의 능으로 세 능이 능역에 함께 자리하고 있다. 선조와 계비 인목왕후의 능은 북쪽에 동원이강식(同原異岡式)으로 배치되어 있지만, 의인왕후의 능은 정자각 동편에 치우쳐있어 전체적인 배치는 줄기와 향배가 전혀 다른 동역이강식(同域異岡式)의 형국을 이루고 있다. 목릉의 능역은 1600년(선조 33년) 의인왕후 박씨가 돌아가자 왕비릉인 유릉(裕陵)의 터에 정해진 것이다. 선조가 돌아간 후 선조의 능인 목릉은 원래 건원릉의 서편에 조영되었다가 터가 좋지 않다는 심명세(沈命世)의 상소에 의해 1630년(인조 8

년) 현 위치로 천장(遷葬)하고 유릉(裕陵)과 목릉의 능호를 합
쳐 목릉이라 했다. 그 후 1632년(인조 12년) 인목왕후가 승하
하자 능을 왕릉의 동쪽 언덕에 조영하게 되어 오늘날의 능을
이루고 있다.

　왕릉은 십이지신상과 운채가 부조된 전통적인 병풍석을 두
른 양식이며 두 왕비릉은 난간만 두른 제도이다. 석물의 양식
은 영릉 이래의 양식에 충실하고 있으나 수법에 있어 현저히
떨어지고 있다. 목릉의 석인(石人)은 장대하기만 하고 상체와
하체의 비율이 맞지 않아 가분수이며 무인의 귀가 코끼리처럼
앞을 보고 있다. 이러한 현상은 전란과 관련이 깊다고 할 수 있
다. 전후(戰後) 의인왕후 국장에 장인이 극히 적어서 수개월 내
에 산릉역을 마칠 수 있을까하는 근심을 하고 있는 것을 보면
우수한 장인을 얻기 어려웠던 것 같다. 이러한 사정은 그 뒤에
도 더욱 심해져 선조의 목릉 석인은 더욱 열악하여 조선 능(陵)

목릉(선조) 근경

의 석인 중 가장 졸작이라는 평가를 받고 있다. 인목왕후의 석인 역시 상하체의 불균형이 심하여 허리 윗부분과 아래가 2 : 1 정도로 다리 부분이 허약하며 석난간도 고대하여 어설프다. 인목왕후의 석마(石馬)는 건원릉의 석마양식에 영향을 받았는지 4족을 투각해 낸 고식을 쫓고 있다. 1600년 목릉 의인왕후릉 장명등과 망주석 대석 등에 장식문양으로 등장한 화문들은 이후 조선조 말까지 장명등과 망주석 장식으로 쓰여지며 병풍석 문양으로 까지 발전하게 되었다.

목릉(의인왕후)

목릉(인목왕후)

숭릉(崇陵) - 현종/명성왕후

숭릉(崇陵)은 제18대 현종(顯宗)과 왕비 명성왕후 김씨(明聖
王后金氏)의 능으로 1674년 왕의 장례와 함께 처음 조영되었
다. 그리고 1683년 왕비가 승하하여 그 이듬해 왕릉의 옆자리
에 왕릉을 정하게 됨으로써 현재의 모습을 갖추게 되었는데 모
든 석물과 부속물들이 거의 완전한 형태로 오늘날까지 보전되
고 있다.

능제는 ≪국조오례의(國朝五禮儀)≫의 제도를 따랐고 조형
양식은 인조(仁祖)의 장릉(長陵) 양식을 계승하고 있다. 왕과
왕비의 봉분은 쌍릉(雙陵)이며 초석이 왕릉, 왕비릉 모두 생략

숭릉 근경

되었으며, 장명등, 망주석 등은 모두 장릉식의 화문으로 장식
하였다. 문무석은 인조 장릉 양식을 충실히 따르고 있으나 수
법이 생경(生硬)하고 안부(顔部)와 신체의 비율이 장릉보다 좋
지 못하다. 정자각은 후면공간에 정면 5칸, 측면 2칸이며, 지붕
은 지금까지의 맞배지붕에서 팔작지붕으로 변화되었다.

휘릉(徽陵) - 장렬왕후

휘릉 전경

휘릉(徽陵)은 제16대 인조(仁祖)의 계비 장렬왕후 조씨(莊烈王后趙氏)의 능으로 1688년(숙종 14년) 왕비의 승하와 함께 조영되었다.

숭릉(崇陵)보다 불과 4년 뒤의 조영이라 능석물의 제도와 기법이 거의 같으나 무인석의 경우 여전히 목이 가슴에 파묻히고 눈·코가 크고 입술이 두꺼운 괴이한 용모로 만들고 있음이 다를 뿐이다. 휘릉의 제반제도는 ≪국조오례의(國朝五禮儀)≫를

휘릉 근경

따르고 있으며 숙종(肅宗) 이후 간소화된 부속물의 제도와 규
모를 볼 수 있다.

혜릉(惠陵) - 단의왕후

혜릉 전견

혜릉(惠陵)은 제20대 경종(景宗)의 비인 단의왕후 심씨(端懿王后沈氏)의 능으로 1718년 세자빈 시절에 세상을 떠나 이 곳에 능을 정하게 되었다. 능제는 인현왕후의 명으로 이 제도에 따라 문무석인을 위시한 제반석물이 등신대 정도로 축소되고 있으나 무인(武人)의 얼굴이 당시의 유행과 달리 고래의 형식을 따르고 있음이 특이하다.

능역은 매우 초라하며 주춧돌만 남아있던 홍살문과 정자각이 1995년 12월 복원되었다. 신계의 소맷돌 측면에는 넓직한

혜릉 근경

구름무늬와 당초문이 장식되고 테두리 하단에는 태극장식이
돌아있으며 정자각 옆에는 비각이 세워져 있다.

원릉(元陵) - 영조/ 정순왕후

원릉 전경

　원릉(元陵)은 조선 제21대 영조(英祖)와 계비 정순왕후 김씨
(貞純王后金氏)의 능으로 영조는 1776년 재위 52년 만에 승하
하여 이 곳에 자리를 정하게 되었다. 정순왕후는 1805년(순조
5년)에 승하하였는데 왕릉의 옆에 봉장(封葬)되어 현재 왕릉은
쌍릉의 형식을 취하고 있다.

　원릉에서는 18C 조선왕조 문화가 새로이 꽃을 피운 시기의
세련된 석물조각을 볼 수 있으며, 석물제도는 숙종~영조 연간
에 정비된 ≪국조상례보편(國朝喪禮補編)≫의 표본과 같은 것
으로 왕과 왕비릉을 쌍릉으로 나란히 두었고, 장명등의 기단

원릉 근경

(基壇)이 향로(香爐)의 다리와 같은 각대형으로 바뀌어 더욱 공
예적이고 기교적인 조형을 나타내고 있다. 그러나 일반적으로
조각솜씨가 섬세하나 석인들의 비율이나 조각수법에 있어서는
전체적인 입체감이 사라지고 있다.

경릉(景陵) - 헌종/효현왕후/효정왕후

경릉 전경

　경릉(景陵)은 조선 제24대 헌종(憲宗)과 양비 효현왕후 김씨(孝顯王后金氏), 계비 효정왕후 홍씨(孝定王后洪氏)의 능으로 동구릉의 아홉 번째의 능이다. 원래는 목릉(穆陵)의 자리였으나 목릉이 천장되고 난 후 1839년 효현왕후 김씨가 16세의 나이로 돌아가자 맨 먼저 이곳에 장례를 지냈다. 1849년(철종 즉위) 헌종이 재위 15년 만에 승하하자 왕릉의 자리가 되었으며 계비 효정왕후 홍씨는 1904년(광무 9년) 이곳에 봉장되었다.

　경릉은 쌍릉제도를 변형시킨 삼연릉(三連陵)의 형식을 취하고 있으며, 난간을 터서 연결, 뒤로 곡장(曲墻)을 돌렸으며 각

경릉 근경

능 앞에 혼유석만 따로 마련하였다. 장명등은 사각옥개석 형식이며 망주석의 세호(細虎)는 형태가 완현하고 우승형(右昇形), 좌강형(左降形)을 이루고 있다. 석인은 18세기 이래의 석인양식의 특징을 잘 나타내고 있다. 또한 수릉(綏陵)과 같이 능제의 규모와 조형이 다시 형식화되었다.

수릉(綏陵) - 익종/신정왕후

수릉 전경

　수릉(綏陵)은 순조(純祖)의 세자였지만, 왕위에 오르지 못하고 1827년 돌아간 효명세자(孝明世子)의 묘였는데, 그의 아들인 헌종(憲宗)이 왕위에 올라 아버지 효명세자를 익종(翼宗)으로 추존하고 능호를 수릉으로 정하였다. 원래 수릉은 의릉(懿陵; 서울 석관동에 있는 경종의 능) 왼쪽 언덕에 있었으며 당시에는 세자의 묘였기 때문에 연경원(延慶園)으로 불렀다. 그리고 수릉으로 진호(進號)된 후 1846년(헌종 12년) 풍수상으로 불길하다는 논의가 있어 양주의 용마봉(龍馬峰) 아래로 옮겼다가 다시 1855년(철종 6년)에 건원릉 왼쪽으로 옮겼다. 한편 세자

수릉 근경

빈 조씨는 헌종 즉위 후 대왕대비가 되고 1890년(고종 27년) 83세로 승하하자 신정왕후(神貞王后)라는 존호가 주어지고 익종의 능에 합장되었다. 익종과 신정왕후는 광무년간 이후 문조익황제(文祖翼皇帝)와 신정익황후(神貞翼皇后)로 추봉되었다.

능의 상설제도와 배치는 ≪국조상례보편(國朝喪禮補編)≫을 따르고 있으나 능의 3계제도가 중계와 하계(下階)가 합하여 2계로 생략되었으며 문관은 종래 홀대 대신에 금관을 쓰고 세밀하게 조각된 조복(朝服)을 입고 있음이 특이하다. 또한 수릉은 경릉(景陵)과 같이 능제의 규모와 조형이 다시 형식화되었다.

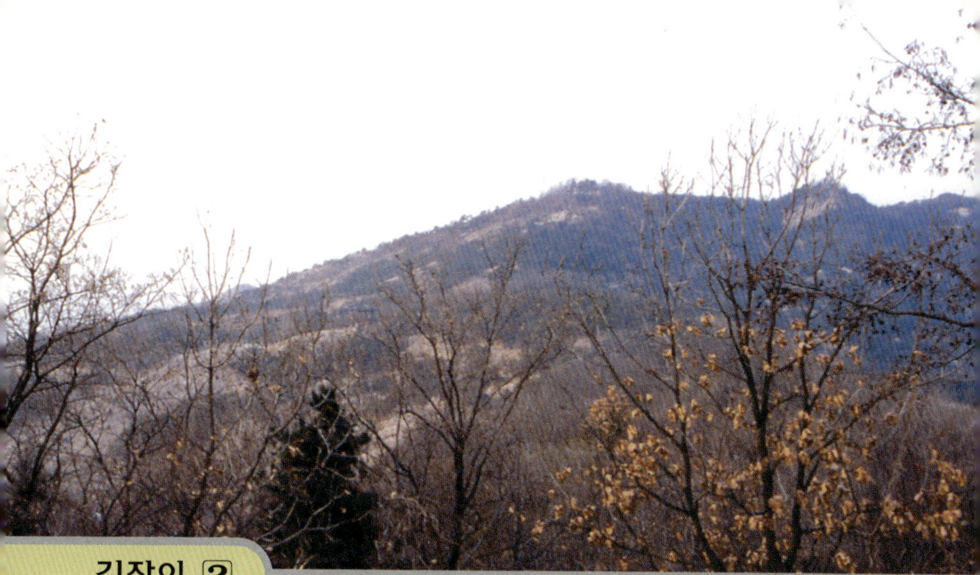

길잡이 2

고구려의 영광과 바보온달

아차산 일대

아차산성 → 아차산 보루 → 범굴사 불량권/불량사주기
→ 횡혈식 석곽분 →명빈묘

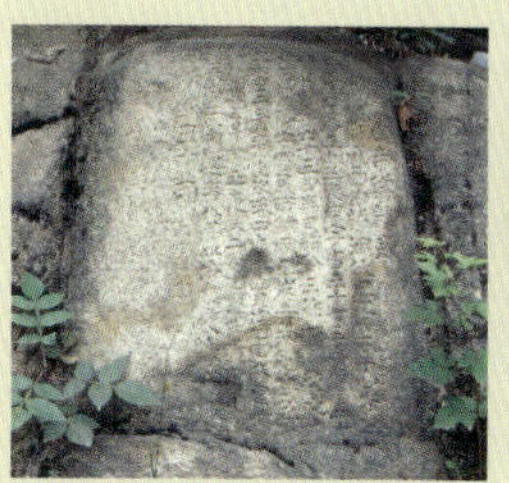

범굴사 불량권

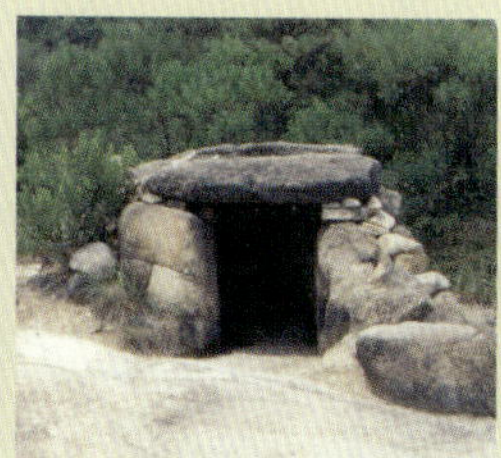

석곽분

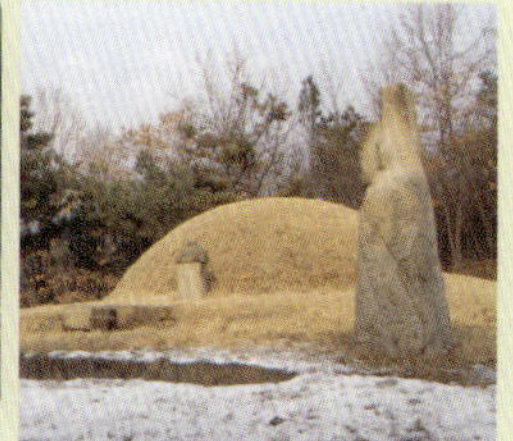

명빈묘

아차산 일대

제2보루
제3보루
제1보루
봉수대
대성암
고분군
3층석탑
아차산성
온달샘
(석탑)
다비뎌
석실고분
명빈묘
구리/의정부
워커힐
덕소/양평

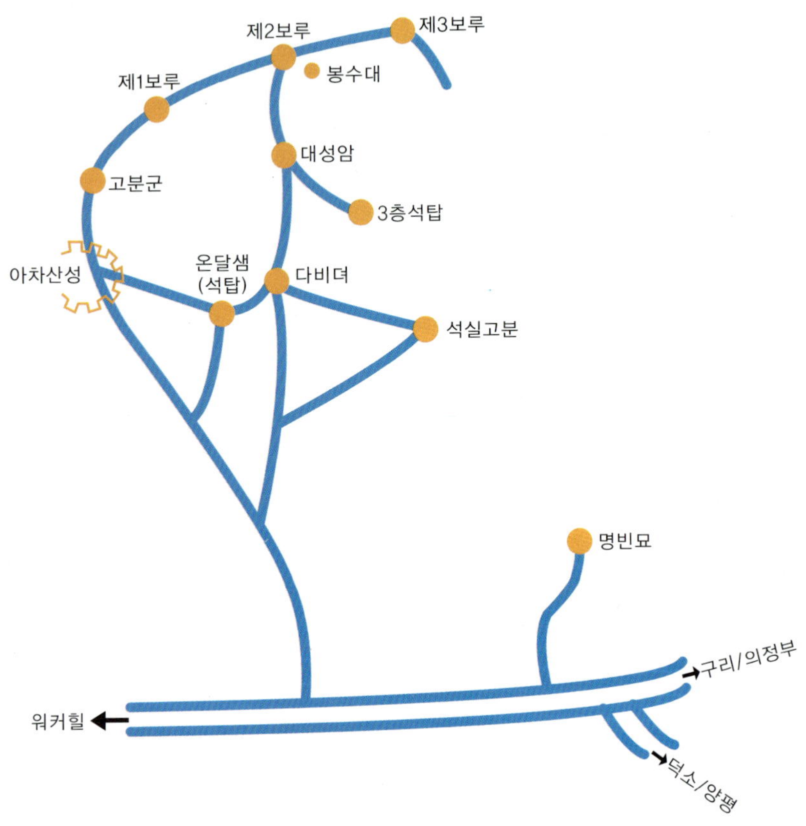

아차산성(阿且山城) _(사적 제234호)

소재지 : 서울특별시 광진구 광장동 21

아차산성

아차산성(阿且山城)은 백제(百濟) 한성시대(漢城時代)에 축성된 테뫼식의 석축산성(石築山城)이다.

아차산성에 대한 문헌기록은 〈광개토대왕비〉의 영락 6년조(396년)에 '아단성(阿旦城)' 이라는 이름이 처음 나타나며, ≪삼국사기(三國史記)≫ 백제본기에 "개로왕 21년 고구려 장수왕(長壽王)이 군사 3만명을 거느리고 내려와 북성을 7일 만에 빼앗고 남성을 공격하여 성문에 불을 놓자 왕이 달아났다. 이에 고구려 장군 걸루 · 만년 등이 개로왕(蓋鹵王)을 잡아 얼굴에 세 번 침

"

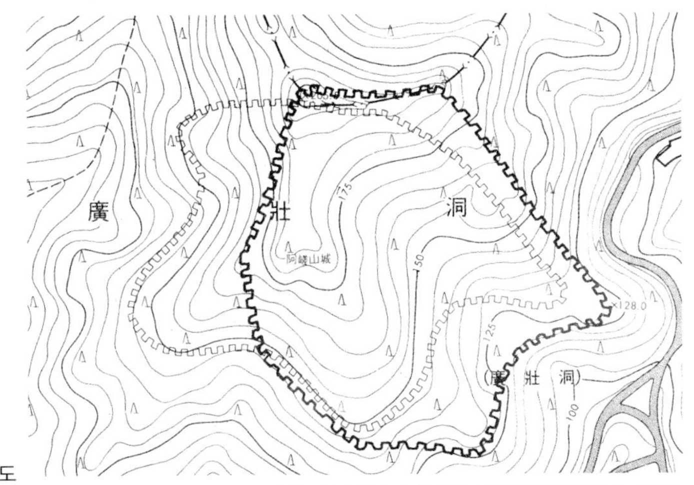

아차산 위치도

구리시·구리문화원, 《《아차산의 역사와 문화유산》》(1994), P119

을 뺑고 그 죄를 헤아린 다음 아단성(阿旦城) 아래로 압송하여 죽였다"는 기록이 나타난다. 여기에 나오는 아단성이 아차성을 가르킨다는 것이 일반적인 통설로, 아차산성은 아단성, 아차성 (阿且城), 장한성(長漢城), 광장성(廣壯城) 이라고도 불리웠다.

아차산성은 토성(土城)이라 알려지기도 했으나 완전한 석축 성(石築城)이다. 정상부에서 산 아래로 성벽이 무너져 토사가 덮여 축성형태를 잘 파악할 수 없었으나 발굴조사에서 석축성 임이 밝혀졌다.

성벽은 전체 길이가 1,125m이고, 북벽과 남벽은 경사면에 의탁하여 내탁법(內托法)으로 축성하였으며, 능선을 따라가며 축조된 동벽과 서벽은 내외협축(內外夾築)으로 지형을 이용하

48

아차산성 장대지

여 축성하였다. 성돌은 30~40cm크기의 화강석을 이용하였다.

문지(門址)는 성이 무너져 확인이 쉽지는 않지만 대개 남문지, 서문지, 동문지 3개소가 확인되며, 장대지(將臺址)는 해발 205.5m인 최고 높은 지짐에 있고 규보는 상축 12m, 단축 9.4m로 부정형의 타원형을 이루고 있다. 이곳에서는 서울 전역과 한강번의 풍납도싱, 이성산성, 남한산성, 북한산성, 미사리 선사유적지, 암사동 선사유적지 등을 한눈에 조망할 수 있어 전략적 요충지였음을 실감할 수 있다.

그리고 건물지(建物址)에는 7개소 정도의 건물지와 우물과 수로가 있어 성내에 많은 건물이 세워져 있었던 것으로 추정된다.

고구려 보루(高句麗 堡壘)

아차산 보루

　아차산(阿且山) 일원은 그동안 아차산성(阿且山城)으로만 주목받아 왔으나, 최근 이곳에서 고구려시기의 보루(堡壘)가 발견되어 한강유역 고구려유적의 성격에 대해 관심이 집중되고 있다. 아차산 일원에는 15개소의 보루가 확인되고 있으며 1997~1998년에 서울대학교 박물관에 의해 4보루가 발굴조사되었으며 그 결과 보루의 성격을 정확히 알려주는 자료가 처음으로 확보되었다.

　아차산 4보루는 아차산의 주능선으로 용마봉(龍馬峰)으로 건너가기 직전 마지막 봉우리로서 길쭉한 소봉의 정상부 북쪽에

아차산 제4보루

서울대 박물관 · 구리시 · 구리문화원, 《아차산 제4보루-발굴조사보고서》(2000.10)

있으며, 표고는 해발 285m이다. 그 동안 헬기장으로 이용되고
있었다.

4보루는 석축으로 된 성벽을 외곽으로 돌리고, 성벽 내부에
는 건물들이 축조되어 있었다. 성벽의 평면은 타원형으로, 크
기를 보면 둘레 210m, 높이 4m정도이다. 그리고 동쪽과 서쪽
에 각각 치가 발견되었다. 성벽 내부의 건물은 7기가 발견되었
으며, 그 안에는 온돌시설이 마련되어 있었다. 특히 3호 건물
지에는 3칸의 온돌방과 2기의 집수시설 및 배수시설이 설치되
어 있었다. 또한 간이대장간 시설도 1기가 발견되어 보루 시설
이 장기 주둔지였음을 증명해 준다. 저수시설은 풍화암반토를

파내고 바닥과 벽에 뻘을 발라 방수처리를 한 후 통나무를 직
각으로 연결하여 만들었는데, 총 2기가 발견되었다. 온돌시설
은 13기가 조사되었다. 이 온돌시설들은 주로 취사와 난방용이
었다.

4보루에서 출토된 토기류는 모두 26개 기종 538개체분이 출
토되었는데, 온돌 부근에서 주로 출토되고 있는 점으로 보아
실생활과 직접 관련이 있었던 것으로 보인다. 토기는 기능상
저장용기, 운반용기, 조리용기, 배식용기로 구분되었다. 철기
류는 총 319점이 출토되었는데, 무기류, 마구류, 농공구류, 용
기류 등으로 구성되어 있다.

이 보루는 고구려에 의해 6C경에 축조되어 그 이후 폐기되었
고, 다른 세력에 의해 점유된 바가 없는 순수 고구려유적이며,
중국이나 북한에서 보다 더 많은 출토 유물이 발견되고 있어
고구려연구에 중요한 자료를 제공해 주고 있다.

범굴사 불량권(梵窟寺 佛粮券)

범굴사 불량권(梵窟寺佛粮券)은 대성암 뒤편 암벽에 새겨진 범굴사의 재산에 관한 기록이다. 논(畓)과 밭(田)의 소유량과 논밭의 매입가(買入價) 등이 소상하게 적혀있으며, 속(束)·두락(斗落; 마지기)·야미(夜味; 배미) 등 그 당시에 사용되던 논밭의 단위와 이두식 표기법 등이 기록되어 있어 사찰의 재정과 시대흐름을 파악할 수 있는 사료로서의 가치가 매우 높다.

범굴사 불량권

불량사 불량권 원문은 다음과 같다.

梵窟寺佛粮券
廣州龜川面曲橋洞伏□□五十四畓□
斗五刀落五卜五束同字畓五十七三斗□□□
八束同字六十三田半日耕合三作価折錢文七
十兩買得安國民所納同□巖寺洞□□□
九畓三斗落夜味二□　麂価折錢文
面木里新起畓八斗落夜味□□
価折錢五十兩
又庚戌年
面水里李尙大處買畓八斗落只十夜味価折錢文五十兩

범굴사 불량시주기(梵窟寺 佛粮施主記)

범굴사 불량시주기(梵窟寺 佛粮施主記)는 범굴사 불량권 암각문 왼쪽에 새겨진 기록이다. 당시 범굴사의 논과 밭의 매입에 관계있는 시주인 명단으로, 상궁 김씨 수열(尙宮金氏守烈)을 비롯하여 일반 신도까지 참여자를 알 수 있는 자료이며, 이는 범굴사가 왕궁 및 일반 신도들에게 널리 알려져 인기기 있던 사찰임을 시사해 주는 자료이다.

범굴사 불량시주기

범굴사 시주기 원문은 다음과 같다.

佛粮施主人	崔金立兩主
同居士法英劉氏兩主	金□尙兩主
金潤河秦氏兩主	劉□漢兩主
安國民高氏兩主	劉□□兩主

尙宮金氏守烈
尙宮金氏足今
尙宮梁氏福連
尙宮姜氏六月
癸卯生韓氏辛亥生吳氏
金居士有監兩主
金鼎三兩主李景得兩主
宋大福兩主甲亥生宋氏
金尙□兩主洪守澤兩主
淸信女法惠淸信女惠文
張德□□鄭好同兩主
金順行兩主□□□得兩主
處士宋信云兩主
金昌國兩主壬寅生趙氏
崔性福兩主居士妙□
甲寅生崔氏兩主
丁丑生鄭氏兩主
弔光世兩主
李時老味兩主

徐老郎兩主徐奉世兩主
姜世澄兩主梁壽山金□兩主
金□聖兩主甲寅生朴氏兩主
金豊兩主甲寅生金氏兩主
徐才兩主甲丑生金氏兩主
李定三兩主戊午生吳氏兩主
淸信女寶烈兩主
丁巳生李氏兩主
庚戌生具氏兩主
梁□□兩主
李□梁兩主
甲戌生金氏兩主
淸信女□□兩主
□□□氏兩主
□□生張氏兩主
□□生□□兩主
李□貴兩主
處士□□兩主

아차산 횡혈식 석곽분

아차산
횡혈식 석곽분

우미내 바위산 정상부 해발 125m 지점에 위치한 횡혈식 석곽분으로, 능선 바위산 정상부 바위를 현실(玄室)로 하여 무덤을 축조한 경우는 다른 곳에서는 그 유례를 찾아볼 수 없는 독특한 형태이다. 고분(古墳) 주변에서 발견되는 유물이 전혀없어 축조연대를 밝히기는 어려우나 아차산 일대에서 발견되는 다른 고분군(古墳群)과 거의 비슷한 시기에 축조된 것으로 파악된다.

석곽은 장벽에 2매, 단벽에 1매의 대형 판석을 세워 벽을 조성하고 천장에도 2매의 대형 판석을 덮고 있다. 석곽의 남쪽

벽이 입구였을 것으로 추측되며, 입구를 막았던 판석이 고분 우측에 놓여 있다. 석곽 내부의 규모는 길이 2.4m, 폭 0.8m, 높이 0.9m이다. 외부에 흙을 덮었을 것으로 추정되나 현재는 거의 유실된 상태이다.

명빈(明嬪)묘 (사적 제364호)

명빈묘

조선 제3대 태종(太宗)의 후궁 명빈 김씨(明嬪金氏)의 묘이다.

명빈 김씨(明嬪金氏)는 지돈녕부사 안정공 김구덕의 딸로 1411년(태종 11년) 빈으로 책봉되어 성종 대에 사망할 때까지 7대를 거쳐 생존했으나 후사가 없었다.

봉분은 비교적 크게 쌓여 있으며, 봉분 앞에는 비갓을 올린 묘갈, 상석, 향로석, 문인석이 있다. 묘갈 후면에 성화(成化) 기해

명빈묘 문인석

(己亥) 10월이라 새겨져 있어 1479년(성종 10년)에 세워졌음을 알 수 있다. 비의 전면에는 「明嬪金氏之墓」라는 명문이 있다.

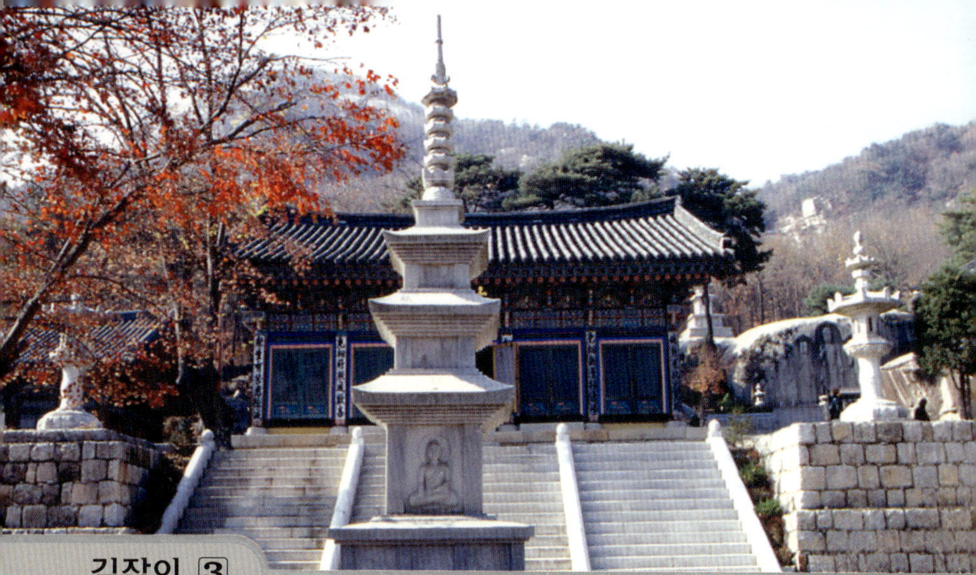

길잡이 3

부처가 된 바위산

불암산 일대

불암사 → 남재 묘 → 남선 묘 → 불암산성→ 흥국사
→ 덕흥대원군 묘 → 덕흥사 → 덕릉마을 산신각

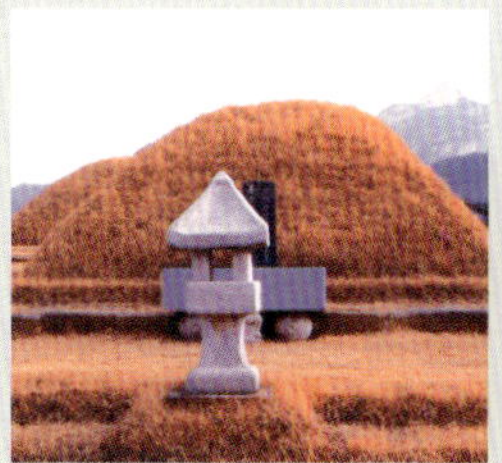

남재 묘 및 신도비

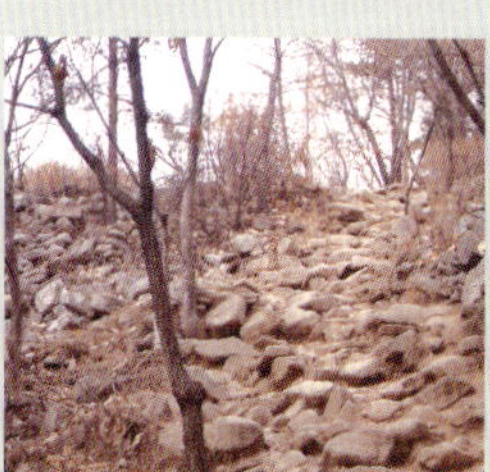

불암산성

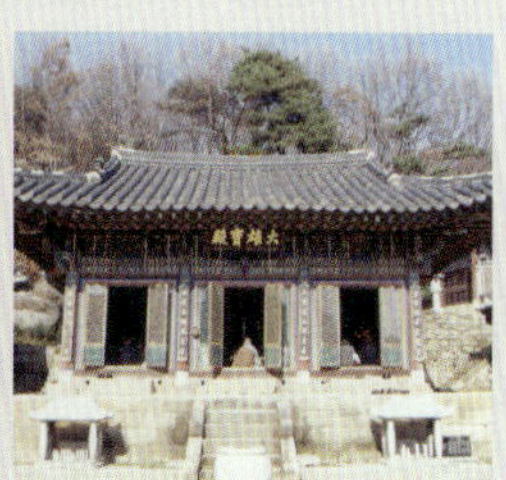

흥국사 대웅보전

불암산 권역

노원구
불암산성
흥국사
의정부
43
남선묘
덕흥사
덕릉마을산신각
불암사
별내면
퇴뫼산
진접읍
남재묘 및 신도비
43
퇴계원
태릉

불암사(佛岩寺)

불암사 석탑

　불암사(佛岩寺) 경내의 사적비에 의하면 신라시대 지증대사 (智證大師; 824~882)에 의해 개산되고 도선국사(道詵國師)가 중창을, 무학대사(無學大師)가 삼창하였다고 한다. 그러나 불 암사 사적비에는 창건(創建) 및 중수의 정확한 시기가 나타나 있지 않으며 또한 이를 입증할 만한 유물도 없다.

　1776년(영조 52년) 단악당(端岳堂) 명관화상(明瓘和尙)이 선 당(禪堂)을 창건하고 1782년(정조 6년) 보광명전(普光明殿)과 관음전(觀音殿)을 중수하면서 제월루(霽月樓) 건축, 범종 주조 및 단청(丹靑)을 하여 1786년에 이르러 사찰의 면모를 갖추었

다. 1855년(철종 6년)에는 보성(普性)·춘봉(春峰)·혜월(慧月)
등이 중수하였고 1910년에는 풍천 임씨(豊川任氏)가 독성각(獨
聖閣)·산신각(山神閣)·동축당(東竺堂)을, 1959년에는 만허(滿
虛)스님이 칠성각(七星閣)을 창건하여 오늘에 이르고 있다. 유
물로는 보물 제591호인 석씨원류응화사적책판(釋氏源流應化事
蹟冊板)과 경기도 유형문화재 제53호인 경판(經板)이 있다.

[佛岩寺 經板]
 ·규 모 : 가로 0.64m, 세로 0.34m
 ·재 료 : 목재(자작나무)
 석씨원류(釋氏源流) 외 31종 591매의 경판이 있는데 크기는
그 유형에 따라 다르나 대형은 가로 64cm, 세로 34.5cm이고
소형은 가로 47cm, 세로 23cm정도 되며 양단에 나무를 끼워서

불암사 경판

판목의 뒤틀림을 방지하였고 목재는 자작나무를 사용하였다.

글씨는 힘있고 정교하며 판화는 그 조각법이 매우 섬세하여 조선판화의 우수성을 과시하고 있다. 이 경판은 불교문화와 목판인쇄문화 연구의 좋은 자료가 된다.

[釋氏源流應化事蹟冊板(212枚)]

· 규 모 : 64cm x 28.5cm

· 재 료 : 나무

이 책판(冊板)은 1631년(인조 9년)에 정두경(鄭斗卿)이 사절로 명나라에 갔다가 귀국할 때 얻어 온 책을 저본(底本)으로 하여 현종 14년에 승려 지습(智什)이 양주의 불암사(佛巖寺)에서 중간(重刊)한 경판이다.

책의 내용은 석가(釋迦)의 일대기와 석가 이후 서역(西域) 및 중국에서 불법이 전포된 사실을 400항에 걸쳐 서술한 것이다. 삭 항에는 4자 1구로 된 제목을 붙이고 먼저 그 사적을 그림으

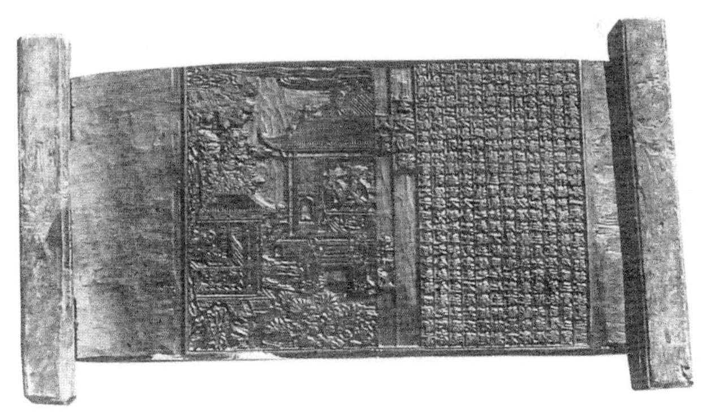

석씨원류응화사적책판

불암사 마애불

불암산 안내도

로 그리고 내용을 서술한 문장은 그 다음 면에 써넣었다. 각자(刻字)가 매우 정교하며 그 기법이 우수하다. 첫머리에 성화 22년(1486년)에 쓴 명(明) 헌종(憲宗)의 어제서(御製序)가 있고 다음에 당(唐) 왕발(王勃)의 ≪석가여래성도기(釋迦如來成道記)≫가 있다. 권말에는 처능(處能)의 발(跋)이 있고 화원(畵員) 증명(證明) 이하 11명, 사자원(寫字員) 전애남(全愛男), 각수(刻手) 설청(雪淸) 이하 18명의 성명이 열기되어 있다.

남재(南在) 묘 및 신도비

(문화재자료 제114호)

소재지 : 남양주시 별내면 화접리 282-7

남재 묘

　남재(南在; 1351~1419)는 조선 개국공신으로 영의정까지 올랐으며 문장과 산술(算術)에 능통하였다. 묘역에는 봉분 앞에 묘비, 혼유석, 계체석, 상석, 향로석, 망주석, 장명등, 문인석이 있다. 신도비는 비각 안에 있으며 장방형 비좌와 팔작지붕의 옥개형이다.

남선(南銑) 묘 및 신도비

(향토유적 제7호)

소재지 : 남양주시 별내면 청학리 산 78

남선 묘

　　남선(南銑; 1582~1654)은 조선 중기의 문신으로 의정부 우참찬을 역임하였다. 묘역에는 봉분 앞에 묘표, 상석, 향로석, 망주석, 문인석이 있다. 원래 신도비는 파손된 채 팔작지붕의 옥개석이 주변에 방치되어 있다.

불암산성(佛岩山城)

불암산성 성벽

　불암산성(佛岩山城)은 남양주시와 서울특별시 노원구의 경계를 이루는 불암산 제2봉에 축조되어 있으며 봉우리 정상부를 둘러싼 형태의 테뫼식 석축산성(石築山城)이다.

　산성의 규모는 둘레가 300m정도이며, 전체적인 형태는 원형에 가깝다. 비교적 외형이 온전한 북동벽은 길이 13.5m정도가 남아있으며 높이는 무너져 내려 현재 1.65m정도만이 남아있다. 그런데 성벽 위쪽의 겉쌓기한 부분은 떨어져 나갔지만 남아있는 속채움 돌들의 높이가 2m이상 되어 이 성벽의 높이

불암산성 문지

　는 최소한 3.65m이상 되었을 것으로 보인다.

　서벽이 있는 지점은 지형이 급경사를 이루고 있어 별도로 성벽을 쌓지 않아도 성벽 역할을 충분히 할 수 있는 곳이다. 이곳에서도 자연 암반을 따라 일부 구간에 성벽을 쌓기도 하고 자연 암반을 그대로 이용하기도 하였다. 이곳의 성벽은 그 높이가 대략 1.5m정도이고, 길이가 1m정도이다.

　남벽과 북벽이 있었던 부분은 흔적이 전혀 남아있지 않고 완전히 무너져 내려 겉쌓기와 속채움을 했던 돌들이 겹겹으로 쌓여있다. 성의 문지(門址)는 외관상으로 확인할 길이 없지만 여러 정황으로 볼 때 현재 등산로로 이용되고 있는 남벽 부분으로 추정된다. 성벽은 거의 직벽으로 테물려 쌓기의 흔적은 보이지 않고 성벽 축조기술도 세밀하지는 않다. 성벽의 안쪽 아래면에는 돌로만, 위로 올라갈수록 돌과 흙을 섞어서 속채움을 하고 있다.

성 안쪽면은 2단의 평탄지로 되어 있는데 아래 평탄지에서 약 3m정도 높은 곳에 또 다른 평탄지가 있다. 이곳은 최정상부로 현재 헬기장으로 이용되고 있으며 주춧돌 흔적이나 와편, 토기편, 자기편 등은 발견되지 않는다. 이곳의 북쪽면에는 남북 7.8m, 동서 8.7m이고 깊이는 약 60㎝정도의 원형에 가까운 구덩이가 있다. 이 구덩이 내부의 일부분에 부식토층이 형성되어 있다. 이러한 점은 이곳에서 불을 피운 흔적으로 볼 수 있다. 이 구덩이에 대해 저수지 혹은 봉화대지의 거연혈(擧烟穴)로 보기도 하는데 봉수대일 가능성이 더욱 크다.

성의 축조연대 및 사용기간은 확실하지 않다. 조선시대 성일 가능성이 많지만 좀더 세밀한 조사가 필요하다. 이 성지(城址)는 봉수대의 역할을 겸한 보(堡)의 기능을 하였을 것으로 추정된다.

알고가기

석성 축조법

- 협축법(夾築法) : 성의 내외벽을 모두 석재로 쌓고 속을 잡석과 흙으로 채우는 방식.
- 편축법(片築法) : 성의 외벽만 할석(割石)을 쌓아올리고 안쪽에 잡석과 흙을 채우는 내탁(內托) 방식.

흥국사(興國寺)

흥국사 대웅보전
(문화재자료 제56호)

≪봉선본말사지(奉先本末寺誌)≫에 의하면 599년(진평왕 21
년) 원광국사(圓光國師)에 의해 수락사(水落寺)로 창건되었다
고 하나 조선시대 이전의 문헌은 물론 이를 입증할 유적과 유
물이 없어 확인할 수 없다. 그 후 1568년(선조 원년) 왕의 생부
인 덕흥대원군(德興大院君)의 명복을 빌기 위하여 조정에서 당
시의 수락사에 원당을 짓고 흥덕사(興德寺)라는 편액(扁額)을
내렸다고 한다. 1626년(인조 4년) 조정에서 다시 사찰의 이름
을 흥국사(興國寺)로 개칭하였고, 1793년(정조 17년)에는 기허

선사(騎虛禪師)에게 내탕금(內帑金)을 내려 사우(寺宇) 전체를 중수케 하였다. 1818년(순조 18년) 불탄 것을 1821년(순조 21년)에 다시 내탕금을 내려 중건하였다.

1855년(철종 6년) 은봉선사(隱峰禪師)가 신녀(信女) 양씨의 도움으로 만월전(滿月殿)을, 1870년(고종 7년)에는 제암(濟庵)·얼암(蘗庵) 두 화주(化主)가 시왕전(十王殿)을, 1917년에는 주지 범화화상(梵華和尙)이 전각을 중수하여 오늘에 이르고 있다.

[興國寺大雄寶殿](문화재자료 제156호)

· 시 대 : 조선 말기

· 규 모 : 정면 3칸, 측면 2칸

· 재 료 : 목조와즙(木造瓦葺)

대 웅 전(大雄殿)은 경내의 중심부에 위치하여 앞에는 대방(大房)을 두고 좌우에 영산전(靈山殿)과

흥국사 현판

시왕전(十王殿)을 두고 있다. 건물은 장대석의 높은 기단 위에 남향하여 있다. 기단 중앙에 계단이 설치되고 계단 양 우석은 둥근 활 모양으로 2단으로 가공되고 각 단의 끝은 북 모양의

흥국사 일주문

장식이 있는데 측면에 3태극(太極)이 조각되어 있다. 초석은 하부는 네모 반듯이 다듬고 그 위에 둥글고 높은 주좌를 갖춘 형상이며 그 위에 흘림이 거의 없는 둥근 기둥을 세웠다. 기둥 머리는 창방과 평방을 건 다음 그 위에 다포식의 공포를 얹었는데 살미가 겹쳐서 한몸이 되고 바깥 끝은 연꽃 등의 장식이 많이 가미되었으며 봉두 장식도 첨가되어 조선말기의 양식적 특징을 보인다. 처마는 겹처마이며 지붕은 팔작지붕인데 지붕의 용마루 양끝에는 취두, 합각마루에는 용두를 올려놓았다. 또한 각 추녀마루에는 잡상이 늘어서 있다.

이 건물은 1821년(순조 21년)에 중수된 것으로 알려져 있으나 건물 후면에 걸려 있는 〈수락산흥국사대웅전중수기(水落山興國寺大雄殿重修記)〉에 의하며 1889년(고종 26년)에 상궁 신씨(尙宮申氏) 등의 시주로 학허(鶴虛) 스님 등이 중수하였다는 기록이 있고 현재의 건물의 세부수법도 19세기 말의 양식적 특징을 갖추고 있어서 1889년(고종 26년)에 다시 지어진 것임을 알 수 있다.

덕흥대원군(德興大院君) 묘 및 신도비
(기념물 제55호)

소재지 : 남양주시 별내면 덕송리 산5-13

덕흥대원군 묘

 덕흥대원군(德興大院君; 1530~1559)은 중종(中宗)의 일곱째 왕자로 어머니는 창빈 안씨(昌嬪安氏)인데 1530년(중종 25년)에 출생하여 1559년(명종 14년)에 세상을 떠났다. 본명은 초(岹)이며 자는 경앙(景仰)이다. 9세에 덕흥군에 책봉되고 1567년 셋째아들 하성군(河成君) 균(釣)이 즉위하자 1569년(선조 2년)에 대원군으로 추존되었다. 여기서 대원군제의 시원을 엿볼 수 있다. 대원군은 30세의 나이로 세상을 떠났는데 학

덕흥대원군 신도비

문과 덕이 뛰어났고 남다른 예지와 경륜을 펼쳤다.

대원군 묘역은 사성(莎城)으로 둘러져 있으며 봉분의 규모는 높이 1.9m, 둘레 15.7m로서 바깥쪽에는 호석을 축조하였다. 봉분의 전면에는 묘비와 상석, 망주석, 석등, 문인석 등이 갖추어져 있는데 묘비는 대리석으로 규모는 높이 168cm, 너비 54cm, 두께 18cm이다. 비의 전면에는 「德興大院君墓河東府大夫人鄭氏之墓」라는 명문이 있다.

신도비는 묘소 전방 약 20m 지점에 위치하고 있는데 재료는 대리석이며 규모는 총높이 350cm, 비높이 196cm, 너비 80cm, 두께 27cm이다. 이수와 귀부는 화강암이며 비의 건립 연대는 1573년(선조 6년)이다. 비문은 홍섬(洪暹)이 글을 짓고 송인(宋寅)이 썼다.

알고가기

대원군(大院君) : 조선시대 왕이 형제나 자손 등 후사가 없이 죽고 종친 중에서 왕위를 계승하는 경우, 신왕의 생부(生父)에 대한 호칭. 대원군이란 명칭은 선조의 아버지 덕흥군을 덕흥대원군으로 추존(追尊)한 데서 비롯되어, 이후 4인이 대원군에 봉(封)하여졌다.

부원군(府院君) : 조선시대 임금의 장인(國舅) 또는 정1품 공신에게 주던 칭호. 일반적으로 받는 사람의 본관인 지명을 앞에 붙임.

덕흥사(德興祠)

덕흥사

　덕흥대원군 묘소 아래 마을에는 덕흥사가 있는데 이곳은 덕흥대원군의 위패와 모당(母堂)인 창빈 안씨(昌嬪安氏) 그리고 아들인 하원군(河原君) 등의 위패를 모신 곳이다.

덕릉마을 산신각 (도민속자료 제9호)

소재지 : 남양주시 별내면 덕송리 산5-126

덕릉마을 산신각

　덕흥대원군 묘 아래있는 덕흥마을에는 산신각이 있는데 이
곳에서는 음력 1월과 10월에 마을의 안녕과 평화를 기원하는
산신제를 지내고 있다.

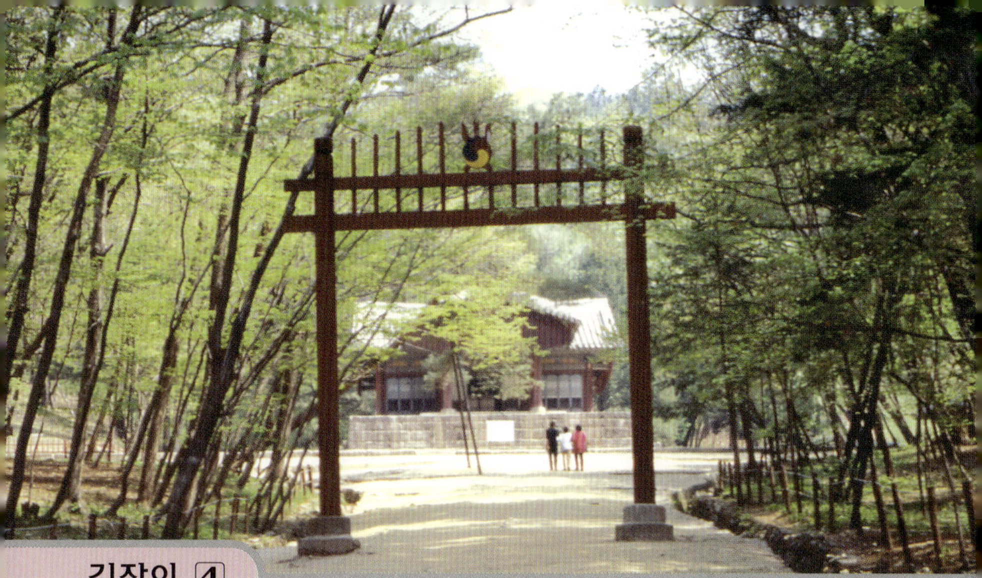

길잡이 ④

왕실중흥의 웅지

광릉 권역

광릉 → 휘경원 → 봉선사 → 영빈 묘
→ 한계순 묘 → 순강원 → 봉영사 → 풍양궁지
→ 여경구 가옥 → 태극정 → 광전리 산성

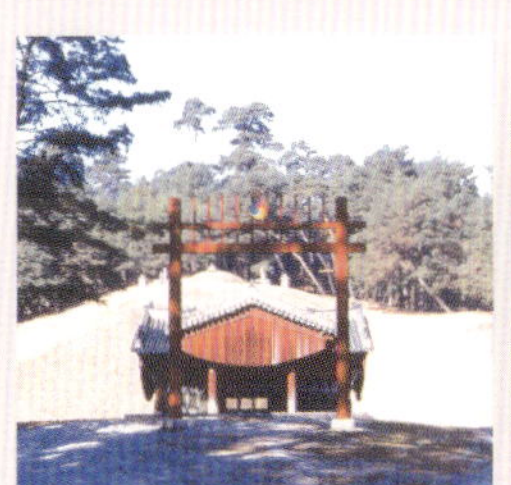

휘경원

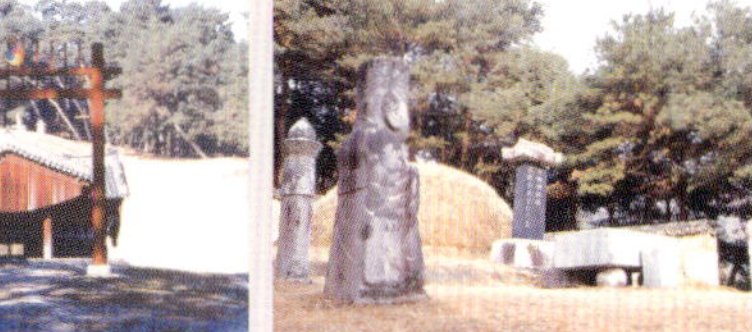

영빈 묘

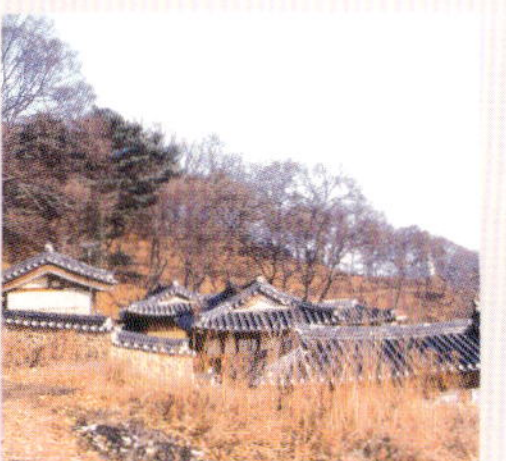

여경구 가옥

광릉 권역

N
W E
S
포천
포천/철원
47
광릉
휘경원
봉선사
진접읍
47
영빈묘
한계순묘
순강원
풍양궁지
오남면
태극정
47
여경구 가옥
구리/서울

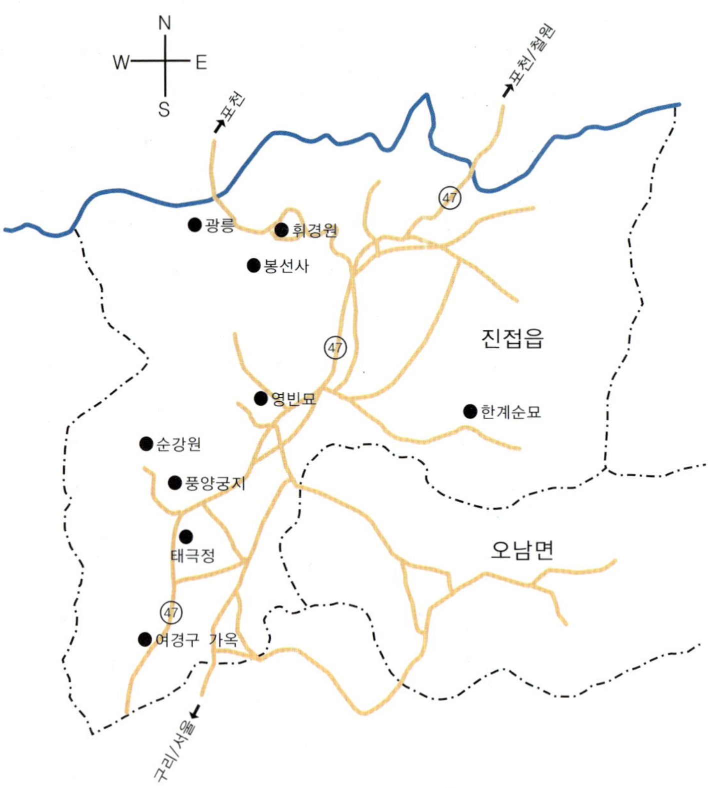

광릉(光陵) (사적 제197호)

광릉 전경

광릉(光陵)은 조선 제7대 세조(世祖)와 왕비 정희왕후 윤씨(貞熹王后尹氏)의 능이다.

세조는 1417년(태종 17년)에 태어난 세종(世宗)의 둘째 아들로 군호는 수양대군(首陽大君)이다. 그는 타고난 자질이 영특하고 학문이 높았으며 무예에도 남다른 조예가 있었다. 1452년 문종(文宗)이 승하하고 나이 어린 단종(端宗)이 왕위에 오르자 권람(權覽), 한명회(韓明澮) 등과 결탁, 1453년(단종 1년) 10월 10일 계유정난을 일으켜 영의정 황보인(皇甫仁), 좌의정 김종서(金宗瑞) 등을 살해하고 안평대군(安平大君)을 강화에 귀

양보낸 후 스스로 영의정에 올라 정권을 장악, 1455년 단종을 밀어내고 선양의 형식을 빌어 근정전에서 왕위에 올랐다.

세조는 14년간 왕위에 있으면서 군제(軍制)를 정비하고 많은 서적을 편찬하였으며 토지제도 및 관제를 개혁하는 등 치적을 쌓았다. 또한 만년에는 왕위 찬탈에 대한 고뇌로 불문(佛門)에 귀의, 원각사(圓覺寺)를 창건하고 간경도감(刊經都監)을 두어 불경을 간행하였다.

세조는 1468년 9월 7일에 예종(睿宗)에게 왕위를 물려주고 수강궁(壽康宮)에서 52세를 일기로 승하하였다.

정희왕후 윤씨는 본관은 파평이며 1428년 판중추부사 증 영의정 윤번(尹璠)의 딸로 홍주에서 태어났다. 1428년(세종 10년) 가례를 올리고 처음에는 낙랑부대부인(樂浪俯大夫人)이었으며 1455년 왕비에 책봉되었다. 덕종(德宗), 예종, 의숙공주를 낳았으며 예종이 재위 14개월만에 사망하자 자을산군(者乙山君)을 즉일로 즉위시키고, 성종(成宗) 즉위 후 7년 동안 수렴청정을 하였다. 정희왕후 윤씨는 1483년(성종 14년) 온양행궁(溫陽行宮)에서 66세의 나이로 승하하였다. 광릉은 조선 왕릉 제도상 중요한 위치에 있는 능이다. '내가 죽으면 속히 썩어야 하니 석실과 석관을 사용하지 말 것이며 병풍석을 쓰지 말라' 는 세조의 유명에 따라 병풍석을 없애고 석실을 회격(灰隔)으로 바꾸었으며 십이지신상을 난간 동자석주에 옮겨 새기는 등 검약하게 함으로써 산역에 동원되는 인력을 줄이고 비용을 절감하는 등 민폐를 덜게 하였다. 왕과 왕비의 능을 같은 묘역의 다

정자각

른 언덕에 따로 배치하고 하나의 정자각을 두는 동원이강(同原異岡)의 형식이 이곳에서 비롯되었다. 광릉의 능제는 후세에 영향을 미쳐 석실대신 회격을 사용하고 병풍석을 설치하지 않는 능이 많아지게 되었다.

알고가기

조(祖)와 종(宗) : 임금의 사후에 묘호(廟號)를 올릴 때 공(功)이 있는 임금에게는 조(祖), 덕(德)이 있는 임금에게는 종(宗)을 붙이는 것이 원칙이다. 일반적으로 창업(創業)·중흥조(中興祖)나 난을 평정한 임금에게는 조(祖), 수성(守城)의 임금에게는 종(宗)을 올린다. 조선 후기에는 조(祖)를 더 높이 보아 남발하는 경향이 있었다.

광릉 (세조)

광릉 (정희왕후)

알고가기

능(陵) : 왕과 왕비, 추존왕과 추존왕비의 분묘.
원(園) : 왕세자 · 왕세자비 · 왕세손 · 왕세손비 및 왕을 낳은 후궁, 대원군
　　　　의 분묘.
묘(墓) : 제빈(諸嬪) 및 제왕자 · 공주 · 옹주와 폐위된 왕, 폐왕 생모의 분묘.
총(塚) : 왕릉급 규모의 무덤으로 피장자를 알 수 없을 때 붙이는 명칭.

휘경원(徽慶園) (사적 제360호)

소재지 : 남양주시 진접읍 부평리 267외

휘경원 전경

　휘경원(徽慶園)은 조선 제22대 정조(正祖)의 후궁이며 순조(純祖)의 생모인 수빈 박씨(綏嬪朴氏)의 묘소이다.

　수빈 박씨(綏嬪朴氏 ; 1770~1822)는 1770년(영조 46년) 좌찬성 박준원(朴準源)의 셋째 딸로 출생하여 1787년(정조 11년) 후궁 간택에 첫째로 뽑혀 그 해 3월에 궁궐에 들어가 정조의 은총을 받아 순조와 숙선옹주(淑善翁主)를 낳고 수빈(綏嬪)에 봉해졌으며 가순궁(嘉順宮)이란 궁호를 받았다. 1822년(순조 22년) 12월 창덕궁 보경당(寶慶堂)에서 별세하였다.

휘경원 근경

　이에 현목(顯穆)이라는 시호를 올리고 묘소를 휘경원이라 정
한 후 양주 배봉산(拜峰山) 아래-지금의 동대문구 휘경동 일
대-에 묘역을 정하였다. 1855년(철종 6년) 묘소를 남양주 순강
원 오른편으로 옮겼다가 풍수지리상 부적당하다 하여 1863년
(철종 14년) 현재의 위치로 천장하였다. 조선시대 역대 왕이나
왕으로 추존된 이의 생모인 일곱 후궁의 신위를 모신 칠궁(七
宮; 서울특별시 종로구 궁정동 소재) 내의 경우궁(景祐宮)에 그
신위가 봉안되어 있다.
　현재 묘소에는 「有明朝鮮國顯穆綏嬪徽慶園」이라 쓰여진 비
와 정자각, 장명등, 석마 등이 남아 있다.

봉선사(奉先寺)

소재지 : 남양주시 진접읍 부평리 255

봉선사 원경

　고려 광종(光宗) 20년(969년) 법인국사(法印國師) 탄문(坦文)이 창건하여 운악사(雲嶽寺)라 하였다고 하나 고증할 수 없다. 그 후 조선 세종(世宗) 때 혁파되었다가 1469년(예종 원년) 정희왕후 윤씨(貞熹王后尹氏)가 세조를 추모하여 능침을 보호하기 위해 89칸으로 중창하고 봉선사(奉先寺)라고 하였다. 1551년(명종 6년) 문정왕후(文定王后)에 의해 선교양종 중 교종의 수찰로 지정되어 전국의 승려 및 신도에 대한 교학진흥의 중추기관이 되었으며 이곳에서 교종 승과를 실시하였다. 임진

봉선사

왜란 때 전소되었다가 1593년 낭혜(朗慧)가 중창하였고 병자호란 때 다시 소실된 것을 1637년에는 계민(戒敏)이, 1749년에는 우점(雨霑)이 중건하였다. 1790년(정조 14년) 전국의 사찰을 관할하기 위한 5규정소(糾正所; 南北兩漢·용주사·봉은사·봉선사)를 설치할 때는 함경도 일원의 사찰을 관장하기도 하였다. 1848년(헌종 14년)에 성암(誠庵)과 월성(月城)이 중수하였다. 1902년에는 16개 중법산(中法山)의 하나로 경기도 전역의 사찰을 관할하였고 1911년 사찰령 반포시에는 31본산(本山)의 하나가 되었다. 1926년에는 주지 월초(月初)가 대웅전과 요사를 중수하고 삼성각을 신축하였다. 1951년 한국전쟁시기 법당 등 14동 150칸의 건물이 전소되었으나 1956년 화엄(華嚴)이 범종각을, 1961년부터 1963년까지 운경(雲鏡)과 능허(凌虛)가 운하당(雲霞堂)을 세웠다. 1968년에는 제25교구의 본사

로 책정되어 의정부시 · 양주
군 · 포천군 · 파주군 · 가평
군 · 연천군 · 양평군 등의 교
단을 관장하고 있다. 1969년
에는 주지 운허(雲虛)가 큰법
당을, 1977년에는 월운(月雲)
이 영각(靈閣)을 세워 오늘에
이르고 있다.

특히 큰법당은 대웅전과 같
은 법당인데 최초로 한
글현판을 달았으며 법
당의 사방 벽에는 한글
〈법화경〉과 한문 〈法華
經〉을 양각한 동판이 새
겨져 있다.

당간 지주

큰법당 한글현판

유물로는 범종(보물 제397호), 1903년에 그린 탱화(유형문화
재 제165호)가 보존되어 있으며 그리고 보운당 부도(報雲堂浮
屠)가 사찰 입구에 있다. 큰법당 앞에는 1975년 운허가 스리랑
카에서 모셔온 부처님 사리 1과를 봉안한 5층석탑이 있고 1981
년에는 운허의 부도탑이 세워졌다. 그 밖에 사찰 경내에 당간지
주가 있으며 진입로변에 일군의 비석들이 함께 자리하고 있다.

[봉선사대종](보물 제397호)

봉선사 대종

종의 꼭대기에는 음통(音筒)이 없는 반룡(蟠龍)으로 표현된 간략한 용뉴(龍紐)가 있고 종견(鐘肩)에는 큰 복판(覆瓣) 연화문을 돌렸다. 종견 바로 밑에 융기된 2줄의 횡대를 돌려서 종신(鐘身)과 뚜렷한 구분을 지었다. 종신 중앙에는 굵고 가는 3줄의 횡대를 돌려 크게 상하로 구분하고 윗부분에는 유곽(乳廓)과 보살상을 교대로 배치하였다. 유곽은 종견의 횡대에서 분리되어 당초문이 얕게 조각된 정사각형 구획안에 연화유좌(蓮華乳座)에서 돌기된 9개의 유두(乳頭)를 갖춘 형식으로 네 곳에 배치되었고 유곽과 유곽 사이에는 원형 두광을 갖추고 두손을 마주 잡은 연화 위의 입상이 얕게 양각되어 있다.

이와 같은 수법의 불상은 조선시대 동종에서 흔히 볼 수 있

는 형식이다. 유곽 및 중앙횡대 사이 공간에는 굵은 획의 범자
(梵字)가 새겨져 있다.

중앙 횡대 밑에는 종구(鐘口)에서 상당한 거리를 두고 폭넓
은 횡대를 두었으며 횡대 안에는 사실적이고도 조선시대의 특
징이 잘 나타나는 파도문이 있다. 이 횡대와 중앙 횡대와의 넓
은 공간에는 강희맹(姜希孟)이 글을 짓고 정난종(鄭蘭宗)이 글
을 썼다는 종명(鐘銘)이 있어 종을 주조한 연유를 알 수 있다.
이 종명에 기록된 연대가 「成化五年」이므로 1469년(예종 1년)
에 종을 주조하였음을 알 수 있다. 종구가 넓어진 전체의 형태
나 종신의 횡대 또는 조각수법 등은 조선시대 동종의 새로운
특징을 잘 보여주고 있다.

영빈(寧嬪)묘 (사적 제367호)

소재지 : 남양주시 진접읍 창현리 175

영빈 묘

문인석

영빈 김씨(寧嬪金氏; 1669~1735)
는 조선 제19대 숙종(肅宗)의 후궁으
로 김상헌(金尙憲)의 증손 김창국(金
昌國)의 딸이다. 묘역에는 3면에 곡
장이 둘러져 있으며 앞에는 묘비, 계
체석, 혼유석, 상석, 향로석, 망주석,
문인석, 장명등이 있다.

한계순(韓繼純)묘 (문화재자료 제102호)

소재지 : 남양주시 진접읍 금곡리 산 126

한계순 묘

한계순(韓繼純; 1431~1486)은 조선 초기 문신으로 개국공신 한상경(韓尙敬)의 손자이며, 함경도관찰출척사 한혜(韓惠)의 아들이다. 자는 수옹(粹翁), 시호는 앙평(襄平)이다. 예종대에 남이(南怡)의 옥사를 다스리는 데 공을 세워 수충보사병기정난익대공신(輸忠保社炳幾靖難翊戴功臣) 1등에 책록되고, 청평군(淸平君)에 봉해졌다.

묘역은 부인 안동 권씨와 앞뒤로 쌍봉을 이루고 있으며, 봉분 앞에 고려 양식의 비신, 연화문을 새긴 이수형의 묘표가 있다. 1486년(성화 22년)에 세운 것이다. 그 앞에 상석, 문인석,

한계순 묘표

장명등이 있다. 묘갈은 묘역 아래 입구에 있으며 높이 2.3m로 비신은 꼭지모양을 한 통비형이다. 비문은 김유(金紐)가 찬하였다.

순강원(順康園) (사적 제356호)

소재지 : 남양주시 진접읍 내각리 150외

순강원

    조선 제14대 왕인 선조(宣祖)의 후궁 인빈 김씨(仁嬪金氏)의 묘소이다.

    인빈 김씨(仁嬪金氏; 1555~1613)는 본관이 수성이며 감찰 김한우(金漢佑)의 딸로 인조의 아버지 정원군(定遠君)을 낳았으며 1613년(광해군 5년) 59세로 별세하였다. 인조가 즉위한 후 생부인 정원군을 대원군으로, 다시 원종(元宗)으로 추존하였으므로 인빈의 묘역을 순강원이라 높여 칭하게 되었다. 신위는 칠궁(七宮) 내에 있는 저경궁(儲慶宮)에 봉안되어 있다.

순강원 동자석

봉분에는 화강암의 해태와 양석(羊石)이 있고, 봉분 앞에는 묘표, 상석, 향로석, 동자석, 망주석, 혼유석 2매, 문인석, 석등, 마석 등 다수의 석물을 배치하고 있다. 묘표는 장방형의 비좌와 비신 및 팔작지붕 형태의 옥개석을 갖추고 있다.

묘의 앞쪽에는 정면 3칸, 측면 2칸의 정자각이 있으며, 그 우측에는 팔작지붕 형태의 원표각(園標閣)이 있다. 원표는 1771년(영조 47년)에 건립된 것으로 장방형의 비좌와 오석의 비신 및 옥개석을 갖추고 있다. 원표의 전면은 전서로 「有明朝鮮國 敬惠仁嬪順康園」이라 새겨져 있다. 거대한 규모의 화강석 귀부와 대리석 비신 및 이수를 갖춘 신도비는 1636년(인조 14년)에 건립되었는데 장유(張維)가 글을 짓고, 의창군(義昌君) 광(珖)이 글을 썼으며, 신익성(申翊聖)이 전서(篆書)하였다. 또한 비각과 재실터, 정자각 등이 있다. 묘 좌측에는 인빈 김씨의 둘째 아들 신성군(信城君)의 묘와 신도비가 있다.

봉영사 (奉永寺)

봉영사 무량수전 현판

　봉영사(奉永寺)는 봉선사(奉先寺)의 말사로 신라 진평왕(眞平王) 때에 창건되었다고 하나 고증할 수 없다. 순강원의 원당(願堂)이 되면서 현재의 명칭인 봉영사로 개칭되어 지금에 이르고 있다.

풍양궁지 (豊壤宮址)

소재지 : 남양주시 진접읍 내각리 723-21

풍양궁 유허비각

풍양궁 하마비

조선 태조 이성계가 함흥에서 환궁하면서 잠시 머물기 위해 지어진 이궁이다. 이곳에는 2기의 유허비(遺墟碑)가 비각 안에 있으며 그 앞에는 하마비(下馬碑)가 있다. 태종이 이성계를 맞이하려 백관을 거느리고 조하(朝賀)를 드리던 곳이어서 구궐지라고도 부른다. 그러나 실록의 기록에 따르면 세종대에 상왕 태종의 거처로 이궁이 건축되었음을 확인할 수 있어 사실관계가 불명확하다.

여경구 가옥(呂卿九家屋)
(중요민속자료 제129호)

소재지 : 남양주시 진접읍 내곡리 286

여경구 가옥

　이 가옥은 여경구의 상인 이덕승의 8내조가 약 250여년 전
에 지었다고 하지만 대략 18C의 가옥구조를 반영하고 있다. 집
의 평면은 日자형으로 서쪽 측면에 문이 있고 각 건물들이 연
결되지 않고 각각 떨어져 배치되어 있는 것이 특징이다. 대문
채·안채·사랑채·사당이 비교적 옛 모습을 잘 지니고 있다.
집은 마을에서 제일 높은 산기슭의 동남향에 자리잡고 있으며,
대문은 서북향의 솟을대문이고 그 좌우에 외양간과 행랑방이
있다. 대문을 들어서면 넓은 마당과 산기슭 쪽으로 동남향한

사랑채가 있다. 사랑채는 4칸 반 규모로 안쪽에는 반칸의 툇마루가 있고 서쪽 끝의 반칸은 툇마루를 없앴다. 큰 사랑방 2칸·마루 한칸·작은방이 한칸이고 뒤쪽으로 쪽마루와 벽장을 만들어 놓았다. 사랑채 맞은편 마당 끝에는 헛간채가 있었다고 하며 마당의 동편에 안채가 있다. 사랑채와 안채는 모두 자연석의 높은 기단 위에 자리하고 있으며 높은 초석에 네모기둥이고 납도리집이다. 사랑채와 안채는 기단의 높이·건물의 크기가 같으며 단지 사랑채가 약간 앞으로 나왔을 뿐이다.

안채 일곽은 L자형의 곳간채와 T자형의 안채가 LT형으로 형성되었고 안채는 동남향이다. 안채에 들어서려면 먼저 곳간채 귀퉁이에 설치된 중문을 통하여야 한다. 안채는 특색있는 평면구성을 하고 있다. 즉 동남향한 부분에 2칸 넓이의 대청이 있고 그 서쪽에 2칸의 방이 있다. 방 앞에는 툇마루가 있어 대청과 연결되고 대청의 동편에는 2칸 크기의 안방이 있다. 대체로 경기도 중부지역에서는 안방이 대청의 서편에 있는데 이 집에서는 그 반대쪽인 동편에 자리잡고 있다. 안방에 이어 동편으로는 한칸짜리 방 2개와 헛간 한칸이 부설되어 있다. 2개의 방앞에는 안방과 이어지는 쪽마루가 있어 다니기에 편리하게 되어 있다. 이러한 뒷방 역시 보기드문 경우로 이 집의 특징이라 할 수 있다. 안방의 남쪽에는 3칸 넓이의 부엌이 있다.

사당은 사랑채 뒤편으로 한단 높은 터에 따로 두었는데 반오량(半五梁)의 가구법(架構法)과 좌우의 꽃담을 쌓은 반벽의 구성이 특이하다. 처마는 홑처마이고 지붕은 기와를 이은 맞배지

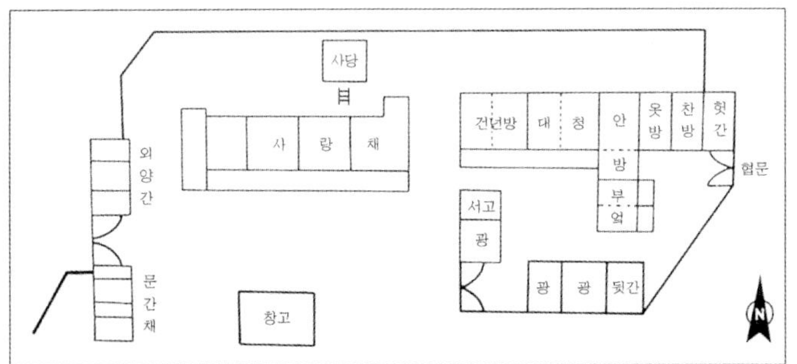

여경구 가옥 평면도

붕이다. 특히 반담을 쌓은 기법은 주목할 만하다. 즉 하방에서
작은 돌을 켜에 따라 쌓되, 돌의 크기를 일정하게 하지 않고 화
장줄눈을 주어서 열롱무늬의 맛을 약간 풍기게 한다. 그리고
그 위에 지네발 마루는 수키와만으로 지었고 그 위에 암기와를
사용했다

태극정(太極亭)

태극정 전경

태극정(太極亭)은 밤섬 유원지 내에 있는 정자로 조선 현종 때 문신이었던 이단상(李端相; 1628~1669)이 벼슬에서 물러나 학문을 연구하던 곳이다. 원래 태극정은 없어졌으나, 1972년 정면 2칸, 측면 2칸의 맞배지붕 형태로 복원한 것이다.

알고가기

누정(樓亭) : 누각과 정자를 함께 일컫는 말.

누각(樓閣) : 2층 이상 중층(重層)의 높은 건물로 궁전·사원·성루(城樓)·누대(樓臺) 등이 있으나 주로 풍광을 감상하기 위한 누대를 의미함.

정자 : 정자는 주로 단층의 소규모 건물로서 누각과 마찬가지로 벽이 없고 기둥만으로 되어 있다. 정각(亭閣) 또는 정사(亭榭)라고도 함.

알고가기

지붕의종류

팔작지붕

맞배지붕

亞字形지붕

모임지붕

우진각지붕

丁字形지붕

광전리산성(廣田里山城)

소재지 : 남양주시 별내면 광전리 테뫼산 28-1

광전리산성 문지

　광전리산성(廣田里山城)은 별내면 광전리에 있는 해발 370.2m인 테뫼산의 정상부를 둘러싸고 있는 테뫼식 석축산성이다. 이 산성은 정상부를 중심으로 그 둘레가 상당히 크게 축조되어 있다. 성벽은 대부분 무너져 내려 겉쌓기한 돌과 속채움한 돌들이 흩어져 있으며, 일부 구간에서만 온전한 형태의 성벽이 남아 있다.

　현재 남아있는 성벽은 길이 2m정도로 3단이 축조되어 있다. 하지만 무너진 곳도 기초석은 살아 있어 정밀조사를 하게 되면

광전리산성 성벽

그 원형을 찾을 수도 있다. 문지는 서문지가 하나 있으며, 상부의 폭은 6.85m, 하부의 폭은 2.65m이다. 성 둘레가 상당히 넓기 때문에 성 내부에는 여러 곳의 평탄지가 있으며, 이곳에서 와편과 토기편들이 상당수 채집되고 있다. 이러한 점으로 보아 이곳에는 많은 건물들이 있었을 것으로 추정된다.

채집유물은 삼국시대~통일신라시대의 토기편들이 많이 발견되고 있고, 와편은 주로 선문으로 된 암기와, 그리고 연화문 와당도 발견되고 있다. 출토유물과 이 지역 일대가 삼국의 각축장이었음을 감안할 때 삼국시대 특히 고구려나 백제의 성이었을 가능성이 크다.

그동안 남양주지역에서는 대규모 산성이 없는 것으로 보고되었고, 광전리산성도 둘레가 500m정도의 보루(堡壘)로 보는 경향이 있어 주목받지 못하고 있었는데 실제 조사에서 지금까지 알려진 것과는 달리 그 규모가 상당한 것으로 밝혀졌다.

특히 광전리산성은 포천지역에서 한강유역의 아차산성에 이르는 길목에 위치하고 있기 때문에 아차산성과 연결되는 산성으로서 그 지리적 중요성을 엿볼 수 있다.

따라서 광전리산성은 앞으로 세밀한 조사를 통하여 성의 정확한 규모, 축조연대, 역할 등이 구체적으로 밝혀져야 할 것으로 보인다.

지형에 의한 산성 분류

테뫼식 산성 : 산의 정상을 중심으로 7~8부 능선을 따라 거의 수평되게 한바퀴 둘러쌓은 성. 일반적으로 규모가 작고 연대가 오래된 것이 많다. 소규모 산성은 대부분 산정식(山頂式)이며 단기 전투에 대비한 성곽임.

포곡식(包谷式) 산성 : 여러 개의 계곡을 감싸고 축성된 것. 성곽 내에 물이 풍부하고 활동공간이 넓을 뿐만 아니라 외부에 대한 노출도 테뫼식보다 훨씬 적다. 장기 전투에 사용.

복합식 산성 : 일부는 테뫼식 산성이고 일부지역은 포곡식 산성인 결합형. 규모가 큰 산성이나 도성.

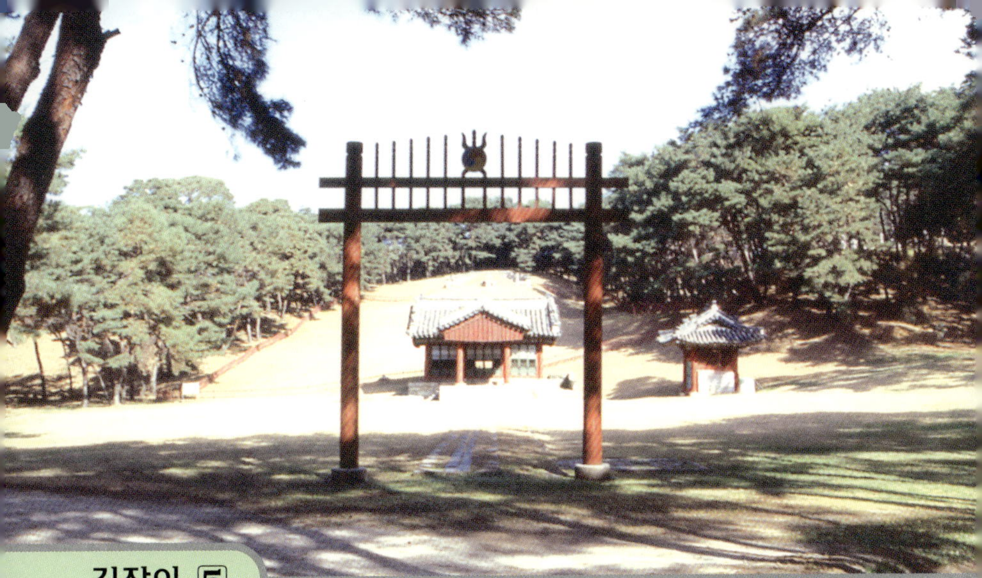

길잡이 5

왕조의 비애

사릉 권역

사릉 → 정미수 · 정효준 묘 → 최청 묘 → 이광수 은거지
→ 변안열 묘 → 나만갑 묘 → 광해군 묘 → 임해군 묘
→ 봉인사 → 성묘 → 조맹 묘 → 안빈 묘

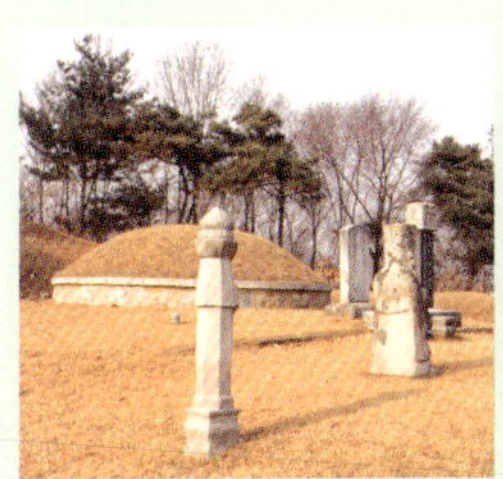

나만갑 묘 및 신도비

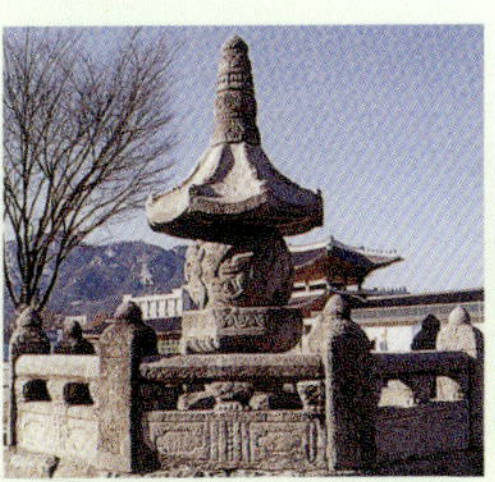

봉인사 부도암 사리탑

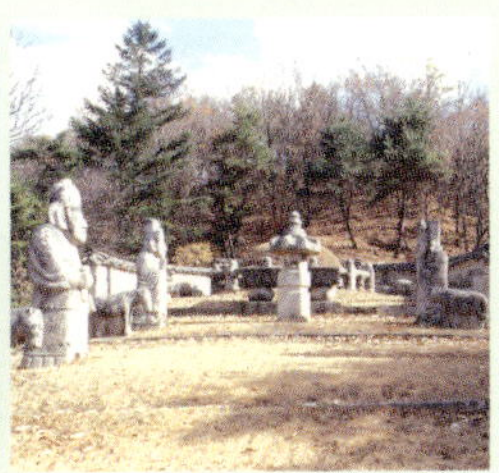

성묘

사릉 권역

N
W
E
S
별내면
오남면
진건읍
최청 묘 및 신도비
변안열 묘
임해군 묘
봉인사
광해군 묘
성묘
사릉
조맹묘
정효준/정미수묘
나만갑 묘 및
신도비
구리시

사릉(思陵) (사적 제209호)

사릉 전경

　사릉(思陵)은 조선 제6대 단종(端宗)의 비인 정순왕후 송씨
(定順王后宋氏)의 능이다. 왕후는 판돈녕부사 송현수(宋玹壽)
의 딸로 1454년(단종 2년)에 15세의 나이로 왕비에 책봉되었
고, 이듬해 수양대군(首陽大君)이 왕위를 찬탈한 후 단종이 상
왕이 되면서 의덕대비(懿德大妃)가 되었다. 그리고 곧 성삼문,
박팽년, 하위지, 이개, 유성원, 유응부 등 사육신의 단종복위운
동으로 1457년(세조 3년) 단종이 노산군(魯山君)으로 강봉되면
서 왕후도 부인으로 강봉되었다. 그 후 왕후는 영월 청령포에

사릉 근경

유폐된 단종을 그리워하며 한많은 세월을 보냈으며, 단종이 사사(賜死)된 후에는 동대문 밖 연미정동(현 서울특별시 동대문구 숭인동 청룡사)에 수간초옥을 지어 정업원이라 하고 칩거하면서 흰옷과 소복을 하고 매일 절 뒤 바위 정상에 올라 영월을 바라보면서 비통해 하였다.

　사후에는 후사가 없기에 단종의 누이 경혜공주(敬惠公主)가 출가한 정씨 가족묘역에 묻혔고 위패도 정씨가에서 모시게 되었다. 1521년(중종 16년) 82세를 일기로 별세하자 왕이 대군부인의 예로 장례케 하였고 1698년(숙종 24년) 단종복위와 함께 정순왕후로 추상되어 종묘에 배향되었고 묘를 높여 사릉이라 하였다. 정순왕후의 신위는 단종의 신위와 함께 창경궁에 봉안되었다가 종묘 영령전에 봉안되었다. 그 후 영조는 「정업원구기(淨業院舊基)」의 다섯자를 친서하여 비와 비각을 정업원터에 건립케 하고 바위봉우리 정상에 있는 바위에 「동망봉(東望峰)」

의 3자를 친필로 새겨 넣었
다.

석물(石物)제도는 장릉(莊
陵)과 마찬가지로 난간석과
무인석이 없는 양식으로 주위
에는 곡장이 돌려져 있으며,
난간석이 생략된 봉분 앞에
상석과 장명등이 놓여 있고,
망주석, 문인석, 석마가 한 쌍
씩 세워져 있다.

사릉 묘역은 수십년생 소나

사릉 문인석

무로 둘러쌓여 있어 정순왕후의 애틋한 그리움을 후세에 전해
주고 있는 듯 하다. 1984년에는 사릉의 소나무 두 그루를 영월
단종 능인 장릉(莊陵)에 옮겨심어 두분의 한맺힌 넋을 풀어 주
고자 하였다.

정미수(鄭眉壽) · 정효준(鄭孝俊)묘 및 신도비

정미수(鄭眉壽)
정효준(鄭孝俊)
신도비

　정미수(鄭眉壽; 1456~1512)는 중종(中宗) 대의 공신이다. 연산군(燕山君)의 폭정시에 왕에 간언하여 많은 이의 목숨을 구하였다. 벼슬은 우찬성에 이르렀으며 해평부원군(海平府院君)에 피봉되었다. 어머니는 문종의 딸이자 단종의 누이인 경혜공주이다. 묘역은 잘 정돈되어 있으며 신도비의 이수 부분에는 2마리 용이 여의주를 다투는 모습이 조각되어 있다.

　정효준(鄭孝俊; 1577~1665)는 동지돈녕부사를 역임한 조선 중기의 문신이다. 묘역은 묘비, 상석, 망주석, 문인석 등이 잘 정돈되어 있고 신도비는 팔작지붕의 옥개형이다.

최청(崔淸) 묘 및 신도비

최청 묘

최청(崔淸; 1351-1414)은
고려 말의 문신으로 조선이
건국되자 불사이군(不事二君)
의 충절을 지켜 두문동(杜門
洞)에 들어간 충신이다. 묘역
은 봉분에 호석을 두르고 그
앞에 상석, 묘표, 향로석, 문
인석, 망주석 등이 있다. 신도
비는 팔작지붕의 옥개형이다.

최청 신도비

이광수 은거지(李光洙隱居址)

소재지 : 남양주시 진건읍 사릉리 520-2

춘원 이광수 근거지

　　춘원 이광수(李光洙; 1892~1950)가 1944년부터 잠시 진건면 사릉리에 머물면서 교육과 집필활동을 하던 곳이다. 해방 이후 이곳에서 일제하의 친일 행적을 변명한 돌베개를 저술하였으며 현재 집터에는 안내 표석이 세워져 있다.

변안열(邊安烈)묘 및 묘표
(문화재자료 제116호)

소재지 : 남양주시 진건읍 용정리 704-1

변안열 묘

　변안열(邊安烈; 1334~1390)은 고려 말의 무신으로 이성계 제거와 우왕(禑王) 복위를 모의한 일에 연루되어 처형되있지만 고려의 충신으로 널리 칭송받고 있다. 현재 묘역은 잘 정돈되어 있고 특히 묘표의 관석(冠石) 부분 문양이 특이하다. 변안열 묘표의 관석을 보면 전면에 토끼가 방아를 찧는 문양이 있고 후면에 까마귀(三足烏로 추정)가 뚜렷이 양각되어 있다. 까마귀는 태양을, 토끼는 달을 상징하는 문양이다. 그런데 이곳에 조작된 문양들은 고대의 일월신앙(日月信仰)보다는 풍수음양 사상과 연관지어 해석하는 것이 타당할 것으로 보인다.

변안열 묘표 전면 토끼상

변안열 묘표 후면 삼족오(三足烏)상

나만갑(羅萬甲) 묘 및 신도비
(유형문화재 제126호)

소재지 : 구리시 사노동 산170

나만갑 묘

　나만갑(羅萬甲; 1592~1642)은 조선 중기의 문신으로 형조 참의를 역임하였으며, 사후 좌의정에 증직되었다.

　묘는 합장묘로 측후방을 사성으로 둘러싸고 있으며, 봉분 둘레에는 대나무 등을 새긴 호석이 둘러져 있다. 봉분 앞에는 묘갈, 혼유석, 상석, 장대석, 문인석, 망주석, 장명등이 있는데, 석물 중 호석, 망주석, 용관비석, 장명등은 후손에 의해 근래에 세워진 것이다.

나만갑 신도비각

　신도비는 재질은 대리석이며 글씨가 대체로 잘 보존되어 있
는데, 김상헌(金尙憲)이 글을 짓고 송준길(宋浚吉)이 글씨를 썼
으며 김수항(金壽恒)이 전(篆)하였다.

광해군(光海君) 묘 (사적 제363호)

광해군 묘

　광해군(光海君; 1575~1641)은 조선 제15대 왕으로 선조와 후궁 공빈 김씨(恭嬪金氏) 사이의 둘째 아들로 이름은 혼(琿)이다. 광해군은 1608년 34세의 나이로 즉위하였으나 재위 15년간 정치적 문제에 휘말리다가 인조반정으로 폐위되어 군(君)으로 강등되었다. 이후 강화를 거쳐 제주에서 유배생활을 하다 67세를 일기로 타계하였다.

　광해군은 뒷날 반정주도세력이 조선후기 집권층의 주류로 확고하게 위치를 굳힘에 따라 오랫동안 폭군으로 역사에 기록되었

광해군 묘표

으나 근래에는 당쟁의 소용돌이 속에서 희생되었다고 보는 시각이 등장하여 많은 공감을 얻고 있다.

실제로 인조반정(仁祖反正)은 서인세력이 폐모살제(廢母殺弟)라는 윤리문제와 대명의리를 명분으로 내세웠지만 거국적인 지지를 받지는 못하였다. 광해군은 임진왜란으로 황폐화된 상황에서 전후 복구노력을 기울이고, 명(明)과 후금(後金) 사이에서 실리를 위주로 한 중립외교를 통해 국익을 지켰으며 대동법(大同法)과 같은 중요한 정책을 실시한 국가 재조(再造)의 군주로 평가할 수 있다.

광해군의 실각은 조선후기 사회에 정치사상적으로 큰 영향을 끼쳤는데 대청(對淸) 강경노선이 지속되고 조선중화주의(朝鮮中華主義)가 전개되는 직접적인 계기가 되었던 것이다.

광해군 묘역은 광해군과 문성군부인 유씨(文城君夫人 柳氏)와 쌍분으로 되어 있으며 대군(大君)의 장례에 준하였기 때문

120

에 석물이 없이 간소하게 되어있다.

　3면의 곡장 안에는 상석, 장명등, 향로석, 망주석, 문인석 등의 석물이 있다. 특히 묘표 2기의 관석(冠石) 부분 앞뒤에 각기 일월상(日月像)이 조각되어 있어 이채롭다.

임해군(臨海君) 묘

임해군 묘

임해군(臨海君; 1574~1609)은 선조의 장남으로 공빈 김씨(恭嬪金氏)의 소생이다. 초명은 진국(鎭國), 뒤에 진(珒)으로 고쳤다.

후궁의 소생이지만 서열이 첫째이므로 당연히 세자가 될 수 있었으나 성품이 난폭하여 아우인 광해군에게 자리를 내주어야 했다. 1592년(선조 25년) 임진왜란 때 순화군(順和君)과 함께 김귀영, 윤탁연 등을 대동하고 근왕병을 모집하기 위하여 함경도 지방으로 갔다가 그 해 9월 반적 국경인(鞠景仁) 등에 의하여 포로가 되어 왜장 가등청장(加藤淸正)에게 넘겨져 고원에 유폐되었다가 1593년(선조 26년) 부산으로 압송되었다. 여러 차례 협상 끝에 석방되어 한양으로 돌아왔다. 횡포의 정도가 심해져 길거리를 헤매이거나 민가에 들어가 재물을 약탈하는 등의 행패를 부렸다. 한편 왜장 가등청정은 여러 차례 임해군에게 서신을 보내어 내정을 알려고 시도하였다. 1603년에는 사옹원 도제조가 되었다. 1608년 선조가 승하하고 광해군이 즉위하자 왕위 승계의 문제가 거론되어 명에서는 사신을 파견 임해군을 대질하기에 이르렀다. 이로 인하여 대신들의 주청에 의해 진도로 유배되었다가 강화로 옮겨졌다.

1609년 대북파의 모함으로 이복동생인 영창대군(永昌大君), 김제남(金悌男) 등과 함께 역모죄로 몰려 살해되었다. 시호는 정민(貞愍)이다.

묘여의 봉분은 호서으로 둘렀으며 봉분 앞에 상석, 망주석, 문인석과 새로 세운 비가 있다.

봉인사 (奉印寺)

소재지 : 남양주시 진건읍 송릉리 307

봉인사
부도암 사리탑

봉인사(奉印寺)의 창건시기는 정확히 알 수 없으나 국립중앙박물관 뜰에 사리탑과 함께 있는 사리탑중수비에 '광해군 11년(1619) 석가법인(釋迦法印)인 불사리(佛舍利)가 중국을 거쳐 이 땅에 온 것을 이듬해 5월 임금이 예관에 명하여 천마산 봉인사로 보내어 동쪽 이백보(二百步)의 위치에 탑을 세우고 당을 지어 예로 받들어 마쳤다.'라는 기록이 있어 봉인사는 그 이전부터 있었던 사찰로 보인다.

한편 ≪봉선본말사지(奉先本末寺誌)≫의 〈부도암연혁기(浮圖庵沿革記)〉에는 '광해군 11년 기미(己未)에 개창하고 부도암

(浮圖庵)이라 명명하니 봉인
사의 속암으로 해사(該寺) 및
차암(此庵)의 초창은 문헌이
무징(無徵)이나 〈탑법당창건
기문(塔法堂創建記文)〉에 명
하면 만력(萬曆) 기미(己未)에
석가법인을 봉하였다 한즉 본
암은 법인탑을 수호하기 위하
여 창건되고 봉인사도 법인을
봉하였다.'고 되어 있다. 이
렇게 봉인사의 개창시기는 정

봉인사
사리탑 중수비

확하지 않다. 그러나 왕실의 안녕과 기복을 위해 왕실에서 염
원·발원하고 후원하여 그 규모와 사세(寺勢)가 꽤 컸을 것으
로 짐작된다. 그리고 현재 봉인사에서 발견되는 기단석, 초석
등의 육중한 규격을 볼 때 당시의 당우(堂宇) 역시 웅건한 사찰
의 면모를 갖추었을 것으로 여겨진다.

 1757년(영조 33년) 풍암취우대사(楓巖取愚大師)가 사리탑과
당(堂)을 중수하였고 1854년(철종 5년)에는 혜암화상(慧庵和
尙)이 봉인암을 중수하고 탑 전면에 종각(鐘閣)을 짓고 강원도
김화(金化)의 수태사(水泰寺)에서 종을 옮겨왔으며 1864년(고
종 원년)에는 혜암(慧庵)·유옹(幼翁) 두 화상(和尙)이 탑법당
(塔法堂)을 창건하였다. 그러나 1887년 화재로 소실되고 일부
는 남았다. 게다가 융희년간(1907~1910)에는 이천응(李天應)

이 사우를 헐어 홍유릉(洪裕陵)의 전각을 세우는 데 팔고 사원 기지와 산림까지 팔아버렸다. 이때 부도탑과 사리장치가 일본으로 밀반출되었다. 1925년 주지 동파화상(東坡和尙)이 약간 수선을 하였다고 하나 그 후 폐사가 되었다. 1979년 9월 한길로 법사가 법당을 짓고 터를 닦던 중 발견된 풍암취우대사의 비를 세웠다. 1984년에는 원래의 봉인사 사리탑을 본뜬 새로운 사리탑도 조성하여 봉안하고 있다.

성묘(成墓) (사적 제365호)

소재지 : 남양주시 진건읍 송릉리 산55

성묘 근경

　조선 제14대 왕인 선조(宣祖)의 후궁 공빈 김씨(恭嬪金氏)의 묘이다.

　공빈 김씨(恭嬪金氏)는 사도시 첨정(司䆃寺僉正)을 지낸 김희철(金希哲)의 딸로 1574년(선조 7년)에 임해군을, 1575년(선조 8년)에 광해군을 낳았으며 광해군이 세 살 때 사망하였다. 선조의 뒤를 이어 광해군이 즉위하자 추숭하여 자숙단인 공성왕후(慈淑端仁恭聖王后)로 삼고 전호(殿號)를 봉자(奉慈)라 하였다. 인조반정(仁祖反正)으로 광해군이 폐위되자 공빈(恭嬪)

장명등

도 같이 서인(庶人)으로 강등되었고 능호(陵號)도 성릉(成陵)에서 성묘(成墓)로 바뀌게 되었다.

현재의 묘역은 3면에 곡장이 둘러져 있으며 봉분 주위에는 난간석이 둘러져 있다. 봉분 주위 양쪽에는 해태와 양석이 각각 2개씩 있고, 봉분 앞에는 상석, 망주석, 문인석, 장명등, 무인석, 마석이 배치되어 있다.

조맹(趙孟) 묘 및 신도비

조맹(趙孟; 생몰년 미상)
은 고려 초기 문신으로 풍
양 조씨 시조이다. 조맹 묘
는 성묘(成墓) 바로 앞에
있는데 전하는 바에 따르
면 성묘가 축조될 때 이장
하리는 명을 받았으나 봉
분만 없애 묘가 없는 것처
럼 꾸며 보존할 수 있었다
고 한다. 현재 묘역은 잘
정돈되어 있으며, 묘비는
팔작지붕의 옥개형이다.
신도비는 묘역 아래에 위
치하고 있다.

조맹 묘비

- 신도비(神道碑) : 정2품 이상의 관직을 역임하고 공업(功業)과 학문이
  뛰어나 후세의 사표(師表)가 될 때에는 군왕보다도
  위대할 수 있는 일이라 하여 신도비를 세워 기리도
  록 하였다. 신도(神道)는 혼령이 출입하는 길.

- 묘표(墓表) : 무덤 밖에 세우는 표석(表石). 죽은 사람의 사적(事蹟)·
  덕행을 새겼으며 관직(官職)의 유무나 고하에 관계없이
  세울 수 있음. 본래 구분이 있었으나 묘비(墓碑), 묘갈
  (墓碣)과 통용하게 되었음.

- 묘지(墓誌) : 피장자(被葬者)의 성명, 생몰연월일시, 관직, 행적, 분묘
  의 방위 등을 현실(玄室)의 벽에 적거나 벽돌·석관·도
  판(陶板)에 새겨 무덤 속이나 앞에 묻는데 그 글을 묘지
  (墓誌) 또는 묘지명(墓誌銘)이라하고 판은 지석(誌石)이
  라 함.

안빈묘(安嬪墓) (사적 제366호)

소재지 : 남양주시 진건읍 송릉리 산66

안빈묘

　조선 제17대 왕인 효종(孝宗)의 후궁 안빈 이씨(安嬪李氏)의 묘이다.
　안빈 이씨(安嬪李氏; 1623~1693)는 공조참의에 추증된 이응헌(李應憲)의 딸로 1623년(인조 1년)에 출생하였다. 병자호란 후 1637년(인조 15년)에 봉림대군(효종)이 청나라 심양에 인질로 갈 때 같이 갔다가 1645년에 귀국하였으며 숙녕옹주(淑寧翁主)를 낳았다. 1693년에 사망하였는데 숙종이 안빈(安嬪)으로 진호하였다.

문인석

봉분은 화강석 기단을 두고 곡장을 둘렀으며 봉분은 병풍석이 생략되어 있어 전체적으로 볼 때 조촐한 묘제를 취하고 있다. 상석 앞 측면에는 면류관을 쓴 높이 98cm의 동자석이 세워져 있는 점이 특이하다. 그리고 그 앞에는 망주석과 문인석이 각각 1쌍씩이 있다. 문인석과 문인석 사이의 중앙에는 장명등이 있다.

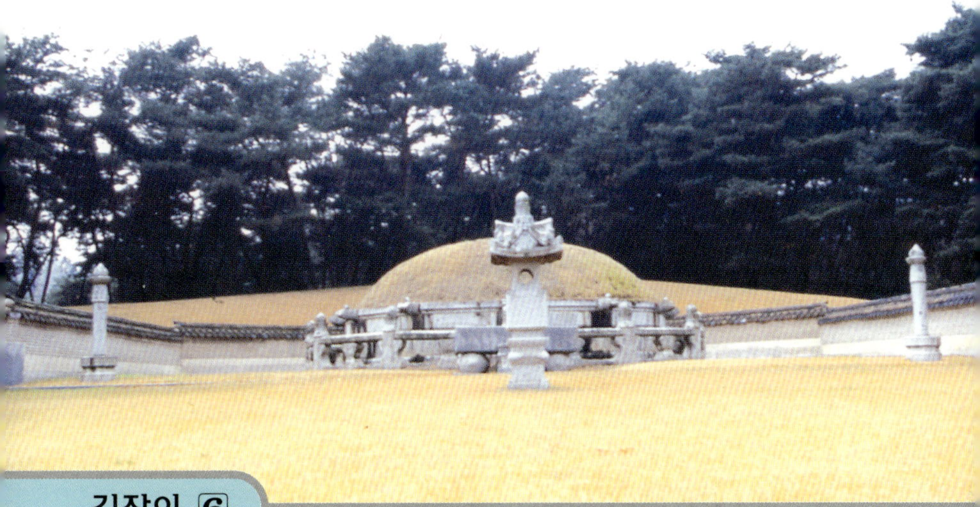

길잡이 6

제국의 몰락

홍유릉 권역

홍릉 → 유릉 → 영원 → 덕혜옹주 묘 → 궁집
→ 능성위 구민화와 화길옹주묘 → 의안대군 이화 묘
→ 흥선대원군 묘 → 능원대군 이보 묘
→ 이순지 묘 → 묘적사 → 류량 묘

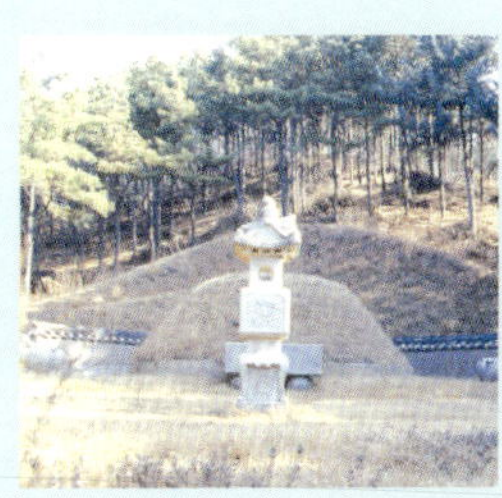

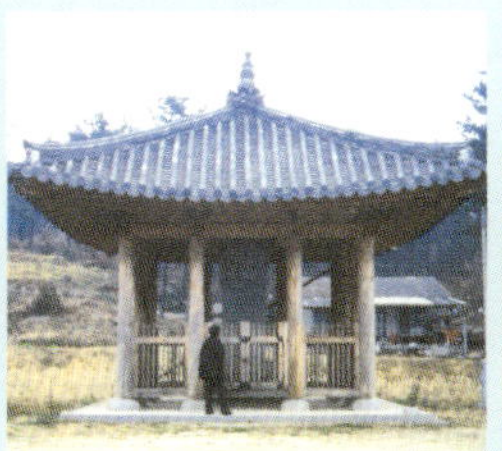

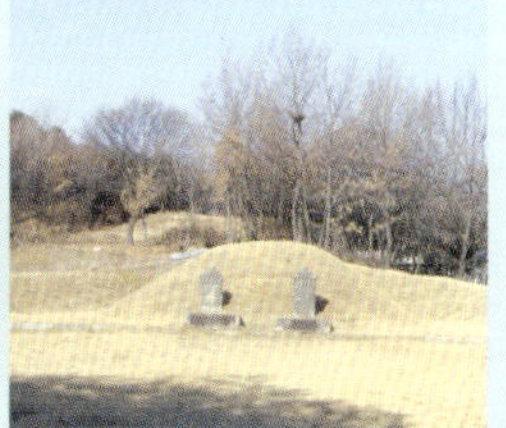

흥선대원군 묘

능원대군 묘

이순지 묘

홍유릉 권역

N
W
E
S
호평동
화도읍
금곡동
궁집
의안대군 이화사당
구민화와 화길옹주묘
의안대군 이화묘
홍릉
유릉
영원
평내동
덕혜옹주묘
구리/서울
능원대군 묘 및 신도비
흥선대원군 묘
춘천
이순지 묘
묘적사
와부읍
덕소

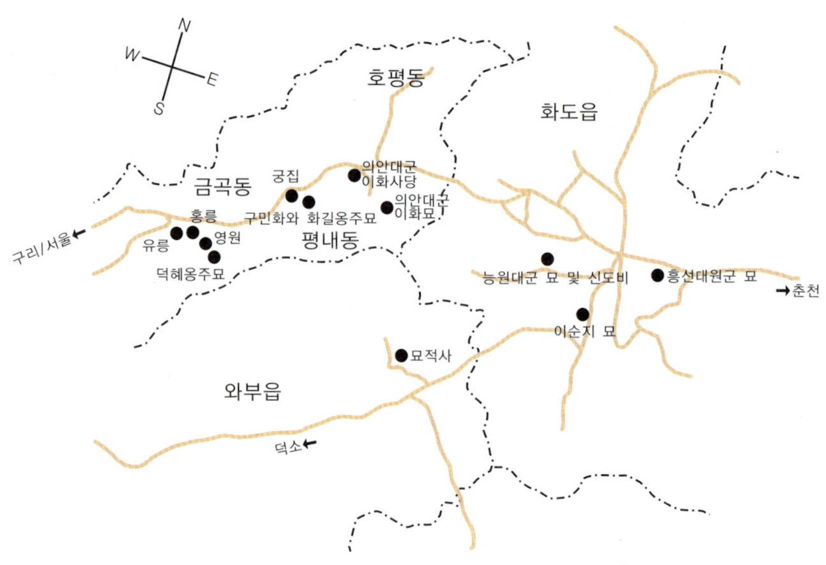

홍릉(洪陵) (사적, 제207호)

홍릉 전경

　홍릉(洪陵)은 조선 제26대 고종(高宗)과 명성황후 민씨(明成皇后閔氏)의 능이다.

　고종은 1852년(철종 3년) 7월 25일 흥선대원군 이하응(李昰應)의 둘째 아들로 태어났다. 1863년 철종이 후사없이 승하하자 12세의 어린 나이에 즉위하여 대원군이 10여 년을 섭정하였다. 1873년 대원군이 실각하고 고종이 친정하게 되자 정치의 실권은 명성황후와 그 일족이 장악하게 되었다. 1897년 자주독립국가로 면모를 일신하고자 연호를 광무(光武), 국호를 대한(大韓)

곡장
병풍석
난간석
망주석
상석
장명등

어수정
일자각
능표각
문인석
무인석
기린
코끼리
사자
해태
낙타
양
말
홍살문
수복방
판위

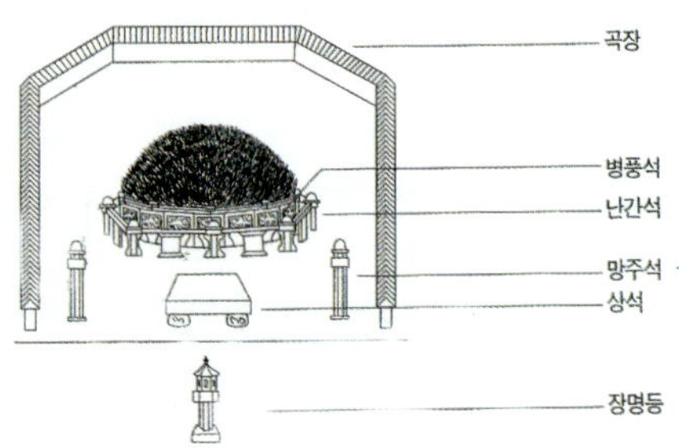

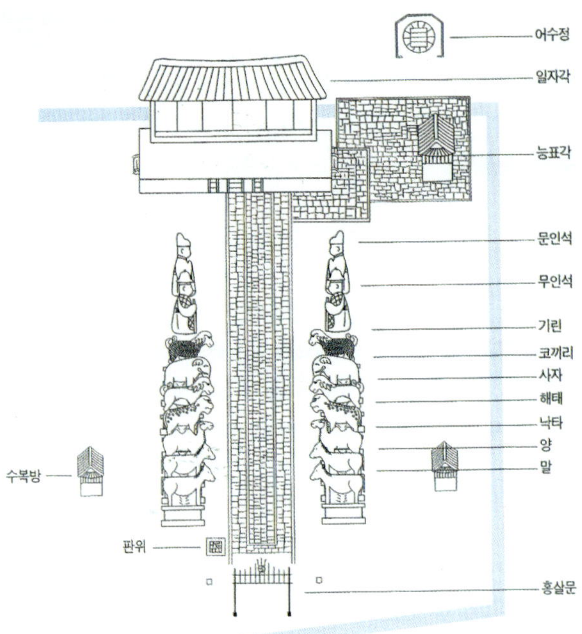

홍릉 상설도

136

홍릉 근경

으로 선포하여 대한제국(大韓帝國)의 성립을 보게 되었다.

1907년 일제의 침략으로부터 국권을 보호하고자 헤이그에서 열린 만국평화회의에 밀사를 파견하였으나 성공하지 못하고 도리어 일제의 위협 속에서 양위하게 되었다. 고종은 재위 44년간 격동기 속에서 일제의 침략 등 외세로부터 나라를 지키고자 힘을 기울였으나 성공을 거두지 못하고 1919년 1월 21일 덕수궁 함녕전에서 67세를 일기로 승하하였다.

장례일인 3월 1일을 기해 전국적으로 3·1운동이 일어났으며 같은 해 3월 3일 양주군 미금면 금곡리에 초장 봉릉되었다.

명성황후 민씨는 여성부원군(驪城府院君) 민치록(閔致祿)의 딸로 1816년(고종 3년) 16세에 왕비로 책봉되어 1874년(고종 11년) 순종을 낳았다. 고종이 친정을 하자 명성황후가 실권을 잡았으나 임오군란 때는 충주로 피난을 갈 정도로 정치역정이 순탄치 않았다.

1895년 8월 20일 경복궁에서 일본 낭인들에게 시해당하여(을미사변) 1897년 11월 22일 현 동대문구 청량리 임업시험장내에 초장되었으며 1919년 1월 16일 현재의 위치로 천장하였다.

홍릉 상설의 특징은 대한제국의 선포에 따라 황제가 됨으로써 능역조성도 명나라 태조 효릉의 묘제를 따랐으며 따라서 제후의 전례와 다른 구조물이 대폭 증설되었다. 즉, 기존에 배열되던 양과 호랑이 석조물 대신 능침 앞에서부터 기린, 코끼리, 사자, 해치, 낙타 1쌍, 말 2쌍을 2단의 대석 위에 올려놓았다. 또 종래의 정자각(丁字閣) 대신 정면 5칸 측면 4칸의 일자형 침전(寢殿)을 세웠으며 문인석과 무인석의 복색이 화려하다.

홍유릉 안내도

유릉(裕陵) (사적 제207호)

소재지 : 남양주시 금곡동 141-1

유릉 전경

　유릉(裕陵)은 조선왕조의 최후를 맞은 제27대 순종(純宗)과 그 비(妃)인 순명효황후 민씨(純明孝皇后閔氏) 및 계비 순정효황후 윤씨(純貞孝皇后尹氏)의 동릉삼실(同陵三室) 능이다.

　순종은 고종의 둘째 아들이며 1897년(광무 원년) 황태자로 책봉되고 1907년(광무 11년) 즉위하여 연호를 융희(隆熙)라 하였다. 재위 4년 동안 기울어져 가는 국가를 바로잡으려고 하였으나 1910년 일제의 병탄으로 조선왕조의 종말을 맞이하는 오욕을 당하였다. 이후 순종은 이왕(李王)으로 격하되었으며

유릉 석상

1926년 4월 25일 창덕궁에서 53세를 일기로 승하하였다.

비 순명효황후 민씨는 여흥부원군(驪興府院君) 민태호(閔台鎬)의 딸로 1882년(고종 19년) 11세로 세자빈으로 책봉되고 광무 원년 황태자비에 책봉되었으나 순종 즉위전 광무 8년 춘추 33세로 경운궁에서 승하하였다. 처음에 뚝섬 유릉에 장사하였다가 순종의 승하와 더불어 금곡 유릉에 천장하였다.

계비 순정효황후 윤씨는 해풍부원군(海豊府院君) 윤택영(尹澤榮)의 딸로 1892년(고종 29년)에 출생하여 1906년(광무 10년) 13세에 황태자비(계비)로 책봉되고 순종 즉위 후 황후가 되었다. 1910년 일제가 조선을 병탄하려고 하자 옥새를 감추기까지 하는 등 황후의 일생은 국망(國亡)과 함께 파란중첩의 생애였다. 그 후 불교에 귀의하여 슬픔을 달래면서 일제시대를 거쳐 광복 후에는 낙선재(樂善齋)에 기거했으며 한국전쟁 때에는 피난살이를 하는 등 황실에 대한 예우를 제대로 받지 못한 채

유릉 근경

1966년 1월 13일 72세를 일기로 창덕궁 낙선재에서 승하하여 1966년 유릉에 합장되었다. 능제는 홍릉과 같이 황제릉의 제도로 중국 명나라 태조의 효릉(孝陵)을 본따서 조영하였다.

그 제도를 보면 종래의 정자각 대신 정면 5칸, 측면 4칸의 침전을 세웠고 그 앞 양쪽으로 문·무인석을 세우고 홍실문까지 기린, 코끼리, 해치, 사자, 낙타 순으로 석수(石獸)를 세워 놓았다. 끝의 말 2필은 종래 문무인석 뒤에 배치하였던 것으로 판단된다.

영원(英園)

영친왕 이은 묘

영원(英園)은 대한제국(大韓帝國) 마지막 황태자 영왕(英王) 이은(李垠)과 황태자비 이방자(李方子)의 묘역이다. 이은(李垠; 1897~1970)은 고종의 7자로 순종과는 이복형제 사이다. 1900년에 영왕, 1907년에 황태자로 책봉되었고, 1928년 순종 사후 형식상 왕위 계승자가 되어 이왕(李王)이라 하였다. 1920년 정략결혼으로 일본왕족 출신인 이방자(한국명)와 결혼하였고, 1970년 쓸쓸히 사망하였다. 이방자 여사는 줄곧 낙선재(樂善齋)에 기거하면서 불우이웃을 돕는 일에 헌신하다가 1989년 사망하였다.

덕혜옹주(德惠翁主) 묘

덕혜옹주 묘

　덕혜옹주(德惠翁主; 1913~1990)는 고종의 막내딸로 고종의 사랑을 한몸에 받았지만 일본인과 정략결혼 후 실패하여 한국에 들어와 1990년 사망할 때까지 쓸쓸한 말년을 보낸 비운의 왕녀이다.

알고가기

공주(公主) : 정실 왕후(正室王后)가 낳은 임금의 딸.
옹주(翁主) : 임금 후궁(後宮) 소생의 딸.
군주(郡主) : 왕세자의 적출녀(嫡出女).
현주(縣主) : 왕세자의 서출녀(庶出女).

궁집 (중요민속자료 제130호)

소재지 : 남양주시 평내동 426-1

궁집 전경

　궁집은 조선 후기의 건축물로 영조(英祖)의 12녀인 화길옹주 (和吉翁主)가 능성위(綾城尉) 구민화(具敏和)에게 시집가자 왕 이 지어준 집으로 나라에서 재목과 목수를 보내어 완성하게 하 였기 때문에 궁집이라는 별호가 생겼다.

　안채는 전형적인 'ㅁ'자형으로 당시의 전형적인 안채의 평면 구성을 보이고 있다. 부엌 4칸, 대청 4칸, 방 3칸, 앞퇴 한칸으 로 구성되어 있다. 정침 좌우의 날개는 방과 곳간이고 남행랑 에는 곳간과 중문이 설치되어 있다. 중문은 2칸으로 만들어 내

궁집 안뜰

외벽을 구성하였다. 사랑채는 안채의 서남쪽에 있는데 'ㄱ'자형의 평면으로 방 2칸 이외에는 모두 마루를 깔았고 서남쪽으로 내루(內樓) 한칸이 부설되어 있다. 또 이러한 유형의 집들은 세워진 시기를 밝히기가 어려운데 이 집은 화길옹주가 출가하여 죽을 때까지 거처했을 것이므로 건축연대가 확실하다는 점에서 학술적 가치가 크다.

초가(草家)는 궁집의 일을 거들던 아랫사람들이 거처하던 집이라고 하는데 초가라고 하지만 조성은 매우 담대하면서 견실하다.

특히 가옥 전체가 산기슭에 위치하고 있어 자연을 활용한 조경이 돋보이는 전통 정원문화 자료의 하나이다. 예전에 문간채가 있었음직한 자리에 소나무가 두 그루 있으며 사랑방 앞에도 정원수들이 심어져 있다. 뒤뜰에는 감나무·앵두나무·오동나무·철쭉·회양목·호도나무 등이 자라고 있으며 뒷산은 밤나무 숲이다.

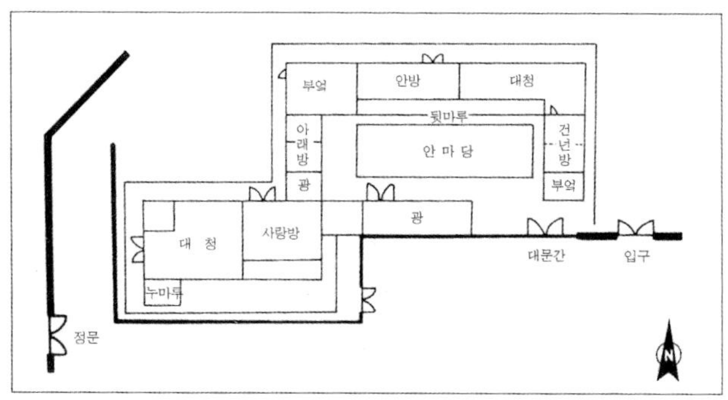

궁집 평면도

능성위(綾城尉) 구민화(具敏和)와 화길옹주(和吉翁主) 묘

소재지 : 남양주시 평내동 산24

구민화와
화길옹주 묘

　구민화(具敏和; 1754~1800)는 영조의 막내딸인 화길옹주(和吉翁主; 1754~1772)와 결혼한 부마(駙馬)이다. 화길옹주는 1772년 19세에 사망하여 양주 담안마을에 안장되었으며 1800년 능성위가 사망하자 합장하였다. 봉분 주위에는 신도비, 상석 등 석물이 잘 갖추어져 있다.

의안대군(義安大君) 이화(李和) 묘 및 사당 (향토유적 제4호)

소재지 : 남양주시 평내동 151

의안대군 이화묘

　　의안대군(義安大君) 이화(李和; ?~1408)는 태조 이성계의 이복동생으로 조선의 개국공신이다. 태종 때 영의정까지 올랐으며 태조의 묘정에 배향되었다. 묘역에는 묘표, 상석, 혼유석, 장대석, 동자석, 망주석, 문인석, 장명등, 마석, 양석, 호석이 있다.

　　사당은 정면 3칸, 측면 1칸 반으로 된 맞배지붕 건물이며 이곳에는 의안대군과 그의 아들 완천군(完川君), 손자 하령군(河寧君)의 위패가 봉안되어 있다.

148

의안대군 이화사당

흥선대원군(興宣大院君) 묘 - 흥원(興園)
(기념물 제48호)

소재지 : 남양주시 와부읍 창현리 산22-2

흥선대원군 묘

흥선대원군 이하응(李昰應; 1820~1898)은 고종의 생부로 1820년(순조 20년)에 출생하여 1898년(고종 35년)에 사망하였다.

1843년(헌종 9년)에 흥선군에 봉해지고 1863년 고종이 즉위하자 대원군에 진봉되었다. 대왕대비 신정왕후 조씨(神貞王后趙氏)의 수렴청정이 발표되자 권력을 장악하고 안동 김씨의 세도 정치를 쇄신하였으며, 당색과 신분·출생지를 초월하여 인재를 등용하고 부패한 관리를 척결하였다. 이외에도 서원철폐·법전 편찬·비변사 폐지 등 여러 사회적·정치적 개혁을 단행하였다.

외세로부터 나라를 지키려는 쇄
국정책으로도 유명하다. 1907
년 대원왕(大院王)에 추봉, 시호
는 헌의(獻懿)이다.

대원군 묘소는 1978년 기념
물로 지정되었다. 원래는 고양
군(1898년)에 있었으나 1906년
(광무 10년)에 파주군에 천장하
였고 근래(1966년)에 다시 현재
의 장소로 옮겼다.

흥원 태극문양

묘제는 조선능원제도에 따른
듯하나 간략한 형식이다. 봉분
의 규모는 높이 2.6m, 둘레
20.3m로 호석을 둘렀다. 봉분
주위에는 석호와 석양을 갖추었

흥원 원표

으며 봉분을 중심으로 원장(垣墻)을 쌓았다. 봉분 앞은 망주석,
문인석, 석마 등 석물이 배치되어 있고 중앙에 장명등이 있다.

묘 입구에 「국태공원소(國太公園所)」라는 원표(園標)가 있고
계단에 태극문양이 있다.

대원군의 신도비는 묘소 전방 우측 약 25m 지점에 위치해 있
는데 오석(烏石)으로 크기는 총높이 325cm, 비높이 225cm, 너
비 68cm, 두께 44cm이다. 비면은 탄흔(彈痕)으로 훼손이 심하며
비문은 김학진(金鶴鎭)이 글을 짓고, 이재극(李載克)이 썼다.

능원대군(陵院大君) 이보(李俌) 묘 및 신도비 (문화재자료 제11호)

소재지 : 남양주시 화도읍 녹촌리 궁말 192

능원대군
이보 신도비

　능원대군(陵院大君) 이보(李俌; 1592~1656)는 인조(仁祖)의 아우로 병자호란시 왕을 모시고 남한산성에 들어가 결사항전 하였다. 묘역에는 곡장을 두르고 봉분 앞에는 묘표, 상석, 향로 석, 동자석, 망주석, 문인석, 장명등이 있다. 신도비는 귀부와 비신, 이수를 갖추고 있으며 화려하다. 최근에 비각을 세워 보 존하고 있다.

이순지(李純之) 묘 (문화재자료 제54호)

소재지 : 남양주시 화도읍 차산리 산5

이순지 묘

　이순지(李純之; 1406~1465)는 조선 초기 판중추원사를 지낸 문신으로 산학·천문·음양·풍수의 학문에 밝아 과학기기를 제작하고 ≪칠정산내외편(七政算內外篇)≫ 등의 저술을 남겼다. 묘소의 봉분 앞에는 묘비와 상석이 있는데 묘비는 고려시대 양식을 계승하고 있다. 묘소 입구에는 최근에 건립한 신도비가 있다.

묘적사 (妙寂寺)

묘적사 대웅전

묘적산(妙寂山)에 있는 이 사찰은 신라 문무왕(661~691) 때 개창되었다고 하나 확실히 고증할 수는 없다. ≪동국여지승람(東國與地勝覽)≫ 양주 불우(佛宇)조의 기록에 김수온(金守溫)의 기문(記文)이 있다 하였으니 세조 때에 사찰이 존재하고 있었음은 확인된다.

1895년(고종 32년) 산신각이 건립되었으며 1969년에 화재로 소실, 현 대웅전과 요사 건물은 1971년 새로 중건한 것이다.

탑은 8각의 지대석(地臺石) 위에 1석으로 조성된 8각7층의

긴 단을 이루고 하대중석(下臺中石)의 면석(面石)과 하대 및 상대 갑석(甲石)에는 각면 2구의 안상(眼象)이 있으며 기단은 앙복연화문(仰覆蓮花文)을 상하에 새긴 불좌형식이다.

탑신은 능각(稜角)마다 우주(隅柱)를 새겼고 옥개는 탑신과 일체로 조성했는데 층이 높아질수록 체감율이 낮아서 비교적 안정감을 준다. 처마의 끝은 반전하여 곡선을 보이고 1~7층 처마 밑에는 얕은 3단의 받침이 있다.

묘적사
팔각칠층석탑

탑의 재료는 화강암이고 높이는 4.3m이다. 수종사 8각5층석탑과 형태가 유사하다.

탑을 해체하여 현 위치로 옮길 당시 이두(吏讀)식 표기로 된 기록이 나왔으나 실전되고 말았다. 대체로 조선 초기에 왕실의 발원으로 세워진 조형으로 추정된다. 1986년 4월 10일 향토유적 제1호로 지정되었다.

와부읍 월문리 묘적사 대웅전 앞 우측에 위치한 8각7층석탑은 묘적사의 옛 터에 있었으나 1971년 현 위치로 옮겨졌다고 한다.

류량(柳亮) 묘 및 신도비
(기념물 제78호)

소재지 : 남양주시 조안면 시우리 산26

류랑 묘

　　류량(柳亮; 1355~1416)은 여말선초의 문신으로 대제학과 우의정을 지냈다. 봉분은 장방형의 쌍분으로 되어 있고 묘비, 상석, 향로석, 혼유석, 묘갈, 장명등, 문인석, 망주석이 있다. 신도비는 귀부와 비신, 이수를 갖추고 있다.

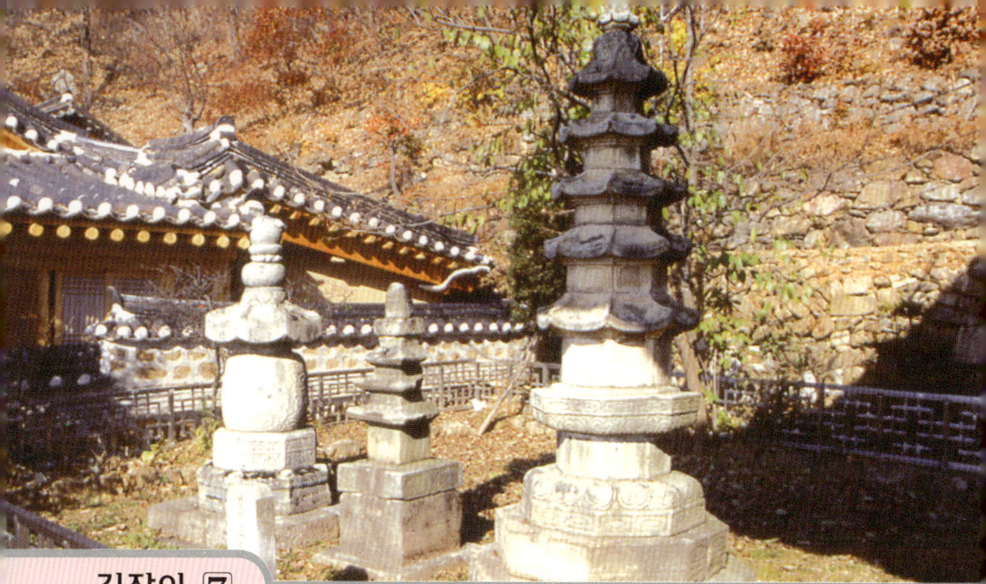

길잡이 7

한강 따라 흐르는 역사의 향기

한강변 일대

수종사 → 다산 정약용 묘역 → 한확 묘 → 박원종 묘 → 박운 묘 → 신빈 묘 → 이맹현 묘 → 와부석실 → 김육 묘 → 김식 묘 → 세운내 석실서원 → 조말생 묘 → 수석리 토성 → 가운동 지석묘 → 삼주삼산각 → 고산촌

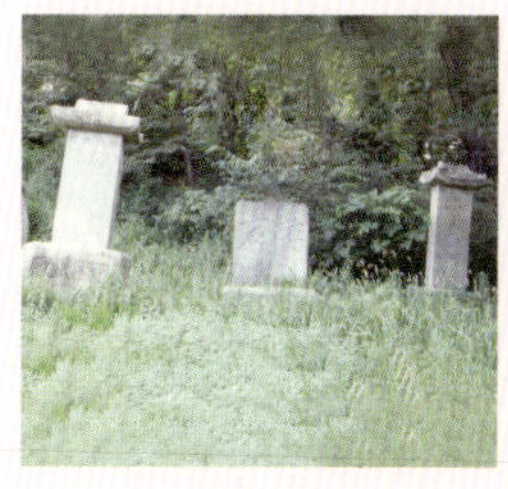

와부석실

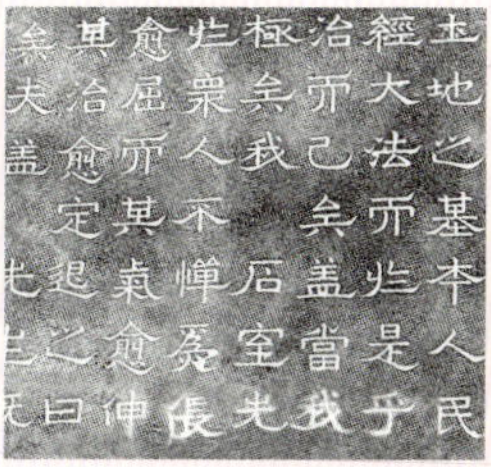

석실서원도

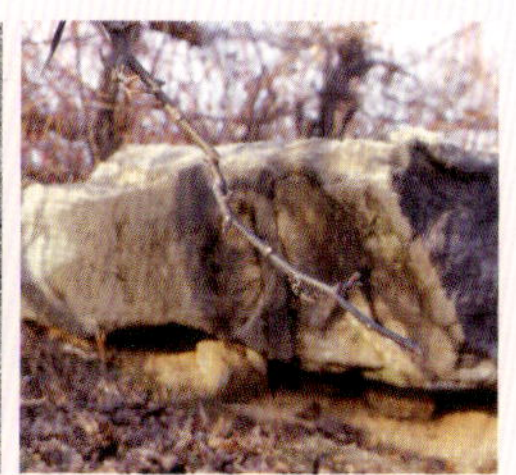

가운동 지석묘

한강변 일대

이패동
가운동 지석묘
삼패동
석실서원지
김육묘
김식묘
조말생묘비
수성리토성
와부읍
박원종 묘 및 신도비
박운 묘
신빈묘
이맹현묘
수종사
조안면
⑥
⑥
한확 묘 및
신도비
다산 정약용 묘
N
W
E
S

수종사 (水鍾寺)

수종사 5층석탑
(유형문화재 제22호)
및 부도
(유형문화재 제157호)

　수종사(水鍾寺)는 남한강(南漢江)과 북한강(北漢江)이 합치는 운길산 중턱에 위치한 경관이 빼어난 사찰이다.

　세조가 만년에 지병 치료 차 오대산까지 요양갔다가 수로(水路)로 한강을 따라 환궁하는 도중에 양수리까지 왔을 때 밤이 되어 물위의 밤경치를 보고 있는데 머리 위에 솟은 운길산에서 문득 종소리가 들렸다. 이에 사람을 보내어 숲속을 조사해보니 천년고찰의 폐허된 흔적과 암벽에는 18나한상이 열좌하었는데 바위 틈에서 떨어지는 물방울 소리가 암벽에 부딪치면서 울리

수종사 대종

는 소리가 마치 종소리처럼 들렸음을 알게 되었다. 이에 감동한 세조가 발원하여 그곳에 사찰을 짓게 하고 수종사라 이름하였다.

그 후 400여 년을 지나는 동안 수종사는 퇴락하여 창건당시의 면모를 찾아볼 수 없게 되었으므로 1890년(고종 27년)에 8천량의 하사금을 내려 풍계화상(楓溪和尙)으로 하여금 중수하게 하였고 다음해 3월에는 다시 4천량과 금백홍사(錦帛紅紗)를 불전에 공상(供上)하였다 한다.

수종사에는 8각의 5층석탑이 있는데 이 석탑은 우리나라에 현존하는 8각형 석탑가운데 하나로 희귀한 것이다. 8각석탑 중 가장 대표적인 것은 고려시대의 오대산 월정사 8각 9층석탑이다. 월정사는 북한강의 상류지역에 속해 있고 수종사는 그 하류에 위치하고 있으므로 비록 수세기의 시대적 차이가 있다

수종사 원경

하더라도 8각 석탑의 계보를 찾아 그 계통을 세우는 데는 서로 연관성이 있는 것으로 보인다.

이 석탑은 기단부 위에 탑신과 상륜부를 구성하였는데 전체의 평면이 팔각이다. 기단부는 단층 기단으로 하대 밑에 2단의 층단형 기대가 있고 상하단 2매의 판석으로 구성되었다. 탑신부는 옥개석이 각 1매씩이고 그 이상은 탑신과 그 위의 옥개석이 하나의 돌로 조성되었다. 탑신석은 8각마다 원형의 석주(石柱)를 모각하였고 옥개석은 받침이 3단이고 추녀에는 낙수홈이 음각되었으며 모서리마다 주두(柱頭)가 모각되어 있어 목조건축의 기법을 적용하고 있음을 알 수 있다.

상륜부는 노반석(露盤石)이 5층 옥개석과 하나의 돌로 조성되었으며 그 위에 보륜(寶輪)과 보주(寶珠)가 다른 돌로 이루어져 있다. 이 석탑은 전체적으로 보아 안정감이 있고 경쾌한 조형을 보이는데 과거 두 차례 걸친 전면 해체 복원 작업에서 발

161

견된 유물과 기록에 의하여 1493년(성종 24년)에 건립한 이후 1628년(인조 6년)에 중수하였음을 알 수 있다.

조선조의 많은 시인 묵객들이 수종사의 경관을 찬탄한 시문을 남겼는데 서거정(1420~1488)의 '동방 사찰 중 가장 전망이 좋은 곳'이라는 시가 대표적 사례이다.

가을이 오매 경치가 구슬퍼지기 쉬운데
묵은 밤비가 아침까지 계속하니 물이 언덕을 치네
하계(下界)에서는 연기가 티끌을 피할 곳이 없건만
상방(上方:절) 누각은 하늘과 가지런하네
흰 구름은 자욱한데 뉘게 줄거나
누런 잎이 휘날리니 길이 아득하네
내 동원(東院)에 가서 참선 이야기하려 하니
밝은 달밤에 괴이한 새 울게 하지 말아라.

다산 정약용 묘역 (기념물 제7호)

소재지 : 남양주시 조안면 능내리 산75-1

다산 정약용 생가

    정약용(丁若鏞; 1762~1836)이 태어나고 또 세상을 떠났던 곳은 경기도 남양주시 조안면 능내리 마현(馬峴)마을이다. 그는 조선 후기의 실학자로 자는 미용(美鏞)·송보(頌甫), 호는 다산(茶山)·삼미(三眉)·여유당(與猶堂)·후암(侯庵), 본관의 나주로 어려서 주로 부친으로부터 경사(經史)와 시문(詩文)을 배웠다. 1789년(정조 3년) 식년문과(式年文科)에 갑과(甲科)로 급제하고 가주서(假注書), 검열(檢閱), 지평(持平), 수찬(修撰)을 거쳐 1794년 경기도 암행어사를 지냈고 이듬해 동부승지·

다산 정약용 묘

병조참의가 되었으나 주문모(周文謨) 사건에 연루되어 금정찰방(金井察訪)으로 좌천되었다. 그 뒤 형조참의에 올라 규장각 편찬 사업에 참여하였다. 1799년 공서파(功西派)로부터 서학문제로 탄핵을 받자 자명소(自明疏)를 올리고 사직했으며 1801년(순조 원년) 신유박해 때 장기(長髻)로 유배된 뒤에 다시 황사영 백서사건(黃嗣永帛書事件)으로 강진에 이배(移配)되었다. 유배지의 다산 기슭에 있는 윤박(尹博)의 산정에서 19년간 경서학에 전념, 학문적인 체계를 완성하고 많은 저술을 했으며 1818년(순조 18년) 이태순(李泰淳)의 상소로 풀려나 고향 마현으로 돌아온 후 여생을 학문연찬에 바쳤다. 그는 실학의 대가로 주자학적인 실천윤리와 북학(北學)의 사상을 흡수하여 집대성하는 등 500여권에 이르는 저서를 남겼다. 그가 쓴 책들은 의학·역학·물리·기계·대수·천문·지리·역사·법률·정치·경제·군사·언어·문학 등을 망라하고 있다. 그 중에서

도 ≪경세유표(經世遺表)≫, ≪목민심서(牧民心書)≫, ≪흠흠신서(欽欽新書)≫는 1표2서라 호칭되며 천하국가를 경영하고 민생을 다스리는 드높은 경륜을 담고 있는 저술이다. 특히 그는 농업을 중시하여 환곡제 철폐, 군포제 철폐, 사유토지의 공유화 등 농정개혁안을 제시하고, 궁극적으로 자립적인 자영농을 육성하

다산이 설계한 거중기 모형

여 국가와 농민을 모두 부유하게 하고자 하였다. 1910년(융희 4년) 규장각(奎章閣) 제학(提學)에 주승, 시호는 분도(文度)이다.

다산묘역에는 다산생가가 복원되어 있으며, 다산기념관 등이 설치되어 있다. 묘 앞에는 상석과 1959년에 세운 묘비 2기와 자연석에 여유당이라 쓴 비 1기가 있다.

다산은 자찬묘지명(自撰墓誌銘)에서 자신의 삶에 대한 긍지를 이렇게 표현하고 있다.

다산 유적지 안내도

왕의 총애를 한몸에 안고서는
궁궐의 가장 은밀한 곳에서까지 모셨으니
정말로 임금의 심복이 되어
아침 저녁으로 참으로 가까이 가 섬겼도다.

하늘의 총애로 타고난 바탕은
못난 충심을 갖게 해주셨기에
정밀하게 육경을 연구해내서
미묘한 이치로 해석해 놓았노라.

간사하고 아첨하는 무리들이 세력을 잡았지만
하늘은 버리지 않고 옥과 같이 곱게 성장시키려 하였으니
시체를 잘 거두어 꼭꼭 매장해 둔다면
앞으로 높이높이 멀리까지 들추리라.

한확(韓確) 묘 및 신도비

소재지 : 남양주시 조안면 능내리 산69-5

한확 묘

  한확(韓確; 1403~1456)은 1403년(태종 3년)에 출생하여 1456년(세조 2년) 사망하였는데 자는 자유(子柔)이며 호는 간이제(簡易薺), 시호는 양절(襄節)이다.

  누이가 명나라 성조(成祖)의 후궁(麗妃)이 되니 명에 들어가 벼슬(光祿寺小卿)을 지내면서 수차 왕래하여 국교를 원활히 하였다. 세조 때 정난공신이 되었고 뒤에 서원부원군(西原府院君)에 봉해졌다. 세조 원년 사은사(謝恩使)로 연경에 들어가 세

167

한확 신도비

조의 왕위 찬탈을 양위(讓位)로 성조(成祖)를 설득시켰다. 귀국도중에 객사하니 세조 묘정에 배향되었다. 둘째딸은 덕종(德宗)의 비(妃)이며 성종의 모후인 인수대비(仁粹大妃)이다.

신도비는 장방형의 화강암재 비좌 위에 대리석으로 된 비신과 이수를 올려놓은 형태이다. 비좌는 2중의 기단을 만들고 그 위에 올려놓았는데 상부에는 복판의 연화문을 새겼고 아랫부분은 2층으로 나누어 각각 안상문(眼象文)을 새겼다. 쌍룡을 조식한 이수는 그 문양이 섬세하며 쌍룡을 중심으로 주위에 운문(雲文)이 새겨져 있다.

비문은 어세겸(魚世謙)이 글을 지은 것으로서 비문 상단에는 전액(篆額)으로 「襄節韓公神道碑銘」이라고 쓰여져 있다. 비문 끝에 「弘治八年八月」이라는 연기(年記)가 있어 비의 건립연대는 1495년(연산군 원년)으로 타계한지 39년 후의 일이다. 비문은 마모가 심하여 판독하기 어렵다.

묘소 주변에는 묘비와 장명등, 문인석, 망주석 등의 석물이 배치되어 있다.

박원종(朴元宗) 묘 및 신도비
(기념물 제170호)

소재지 : 남양주시 와부읍 도곡리 산31

박원종 묘

　박원종(朴元宗; 1467~1510)은 적개좌리공신 중선(仲善)의 아들로, 자는 백윤, 시호는 무열(武烈)이다. 음보로 선전관이 되고 1486년 무과에 합격, 1492년 승정원 동부승지로 발탁된 이후 공조참의, 병조참의, 동부승지, 우부승지, 우승지, 좌승지, 평안도절도사, 동지중추부사, 한성부우윤 겸 도총부 부총관을 역임하고 1502년 평성군(平城君)에 봉해졌다.

　강원도 관찰사로 있을 때는 공물을 줄일 것을 여러 차례 상주

박원종 신도비

하였으며, 1506년 경기관찰사로 있으면서 연산군이 도성 주위에 금표(禁標)를 설치하고 사냥터를 만들어 그 안의 관사와 민가를 모두 철거시키는 등 포악을 일삼자 이를 간하여 사냥터의 범위를 축소하였고, 조정의 정사가 날로 어려워지자 함북절도사로 나가려 하였으나 부임 중 소환되어 도총부 도총관으로 있다가 임금의 미움을 받고 관직을 박탈당하였다.

연산군의 폭정이 계속되자 성희안, 류순정 등과 1506년 9월 초 2일 반정을 일으켜 연산군을 폐하고 중종(中宗)을 옹립하였다. 그 공으로 정국공신 1등으로 대광보국숭록대부 의정부 우의정 겸 경연사 감춘추관사 평원부원군으로 진봉되었다. 좌의정을 거쳐 1507년 이과(李顆)의 옥사를 다스린 공으로 정난공신 1등이 되었고, 1509년에는 왜구들이 제주도 공미선을 약탈하자 이를 문책하고자 대마도에 경차관을 파견할 것을 건의하였으며 전라도 조선 40여척이 파선 침몰하자 해운(海運)을 폐기하고 육운(陸運)할 것을 주장하기도 하였다. 같은 해에 영의정에 올랐고, 이듬해 평성부원군에 봉해졌으나 1510년 임금의 허락을 얻어 요양을 하던 중 4월에 향년 44세의 나이에 요절하였다. 중종 묘정에 배향되었다.

묘 앞에는 묘비를 비롯 상석, 향로석, 장명등 그리고 좌우에는 망주석, 문인석 등이 각각 1쌍씩 있다. 신도비는 정교한 모양의 이수와 장방형 비좌를 갖추었으며 비신과 이수는 1석조의 대리석이다. 비문은 신용개(申用漑)가 글을 짓고 글씨를 썼다. 묘역에서 가까운 곳에 사당인 세덕사(世德祠)가 있다.

박운(朴雲) 묘와 묘비

박운 묘비 전면 일상   박운 묘비 후면 월상

　박원종(朴元宗) 묘역에는 그의 아들인 박운(朴雲; 1488～1570)의 묘가 있는데 묘표 관석(冠石)부분을 보면 전면에 삼족오(三足烏), 후면에 방아를 찧는 토끼 문양이 있다. 이것은 일월(日月)을 상징하는 문양으로 풍수음양사상과 관련있는 것으로 추정된다.

신빈(信嬪) 묘 (문화재자료 제105호)

소재지 : 남양주시 와부읍 도곡리 산41

신빈 묘

신빈 신씨(信嬪辛氏)는 태종(太宗)의 후궁으로, 소생으로는 함녕군 이인(李䄄), 온녕군 이정(李裎), 정신옹주, 정정옹주, 숙정옹주, 숙녕옹주, 숙경옹주, 숙근옹주가 있다. 묘역은 봉분 뒷면에는 흙으로 곡장을 얕게 만들었으며, 묘표는 고려양식이며, 비에는 「信寧宮主辛氏之墓」라 쓰여있다. 1441년(세종 23년)에 세워졌다.

장명등

이맹현(李孟賢) 묘 (기념물 제114호)

소재지 : 남양주시 와부읍 도곡리 산45-1

이맹헌 묘

　　이맹현(李孟賢; 1436~1487)은 조선 초기 문신으로 이조참판 등 여러 요직을 두루 거쳤으며 청백리(淸白吏)로 유명하다. 묘소는 쌍분으로 되어 있으며 그 앞에 묘표가 있다. 묘표 앞에는 상석, 향로석, 문인석이 있다.

와부석실(瓦阜石室)

소재지 : 남양주시 와부읍 덕소 5리 석실마을

석실서원묘정비(좌)
취석비(중)
송백당유허비(우)

　와부석실(瓦阜石室)은 안동 김씨 일문의 별서(別墅)가 있는 곳이다. 여기 별서란 별업으로 불리기도 한 것으로 사대부들이 주로 자신들의 전장(田庄)이 있는 곳에 설치한 농사 혹은 저택 등을 지칭하는 용어이다. 사환(仕宦)시에는 경저(京邸)에 거주하고 퇴귀시에는 별서에서 거주하는 것이 일반적이다. 안동 김씨 일문은 석실 미음을 비롯한 기전(畿甸) 일대의 다수의 장토(庄土)를 소유하고 있었던 것으로 확인되는데 그 중 한곳인 석실에 별서를 마련하였다. 석실이 안동 김씨의 세거지가 된 계

입경조 김번 묘역

기는 입경조(入京祖)인 김번(金璠)을 석실(石室)에 장사지낸 일이다.

김상헌의 조부인 신천 군수를 지낸 김생해(金生海)가 부 김번의 묘하에 병사를 건축하고 머무르게 되면서 석실 안동 김씨 집성촌의 유래가 시작되었다. 여기 병사(丙舍)란 망고정(望考亭)의 의미를 지니고 있으며 재사와 정사의 기능을 함께 하는 가옥을 칭한다. 이후 김번의 묘가 있는 석실산은 안동 김씨의 분산(墳山)이 되었으며 석실산록은 김번 가계의 누대 세거지로 정착하게 되었다. 삼가현감을 지낸 김상헌의 양부 김대효(金大孝)의 부인도 1사(舍)를 영축하였으며 그 후 병사 건물은 기폐를 거듭하였다. 김상헌이 옛터 사당을 중건하였으며 인근에 거소인 송백당(松栢堂)도 마련하였다. 송백당을 비롯한 김상헌의 구거(舊居)는 선비의 거소로 손색이 없는 단아한 품격이었을 것으로 짐작된다. 석애(石厓)변에 위치한 누2칸, 방2칸, 청1칸

김상헌 묘
(기념물 제100호)

의 건물과 송추가 어우러진 송백당과 3칸 초옥을 소나무로 울타리를 둘렀으며 싸립문을 나서면 외부에 또 하나의 초옥이 있는 정거운 모습이었던 것으로 묘사되고 있다. 김상헌은 이곳 석실을 매우 사랑하여 심양에 억류되어 있을 때에도 석실에 대한 그리운 마음을 시로 남겨놓고 있다 송백당을 포함한 석실정사는 김상헌의 사손(嗣孫) 김수증(金壽增)이 구제에 의거 중수하여 상당기간 유지되었던 것으로 보인다. 석실에는 김상헌의 구거 외에도 그 사자 김광찬(金光燦)을 향사하기 위한 도산정사도 세워졌다. 이 석실정사와 도산정사는 선영과 함께 안동 김씨 일문의 상징이 되었으며 이를 중심으로 집성촌의 형성을 보게 되었던 것이다. 지금은 그 유지(遺址)만이 전해지고 있다.

외부석실에는 현재 우리나라 8대 명당으로 꼽히는 김번 묘와 김상헌, 김상용, 김수증, 김창협 등의 묘소가 있으며, 김삿갓 생가터, 김상용 충효각과 송백당유허비(松栢堂遺墟碑), 취석비

(醉石碑), 석실서원묘정비(石室書院廟庭碑), 도산석실려(陶山
石室閭)·고송오류문(孤松五柳門) 입석 등 수많은 유적이 분포
해 있다.

김상용 묘
(기념물 제99호)

김상용 충효각

178

고송오류문 석주

도산석실려 석주

알고가기

- **묘정비(廟庭碑)** : 서원의 뜰에 세우는 연혁비. 보통 서원을 건립하는 취지와 주벽(主壁) 즉 향사(享祠)의 중심이 되는 인물의 학덕과 공업(功業)을 추앙하는 내용이 기록되어 있음.

- **유허비(遺墟碑)** : 선현들의 자취가 있는 곳을 후세에 알리기 위해 세운 비. 출생, 기거(起居), 강학(講學), 순절, 유배 등 연관이 있는 장소에 선현의 행적을 기념하기 위해 세움.

김육(金堉) 묘 및 신도비
(기념물 제177호)

소재지 : 남양주시 삼패동 산42-2

김육 묘

　김육(金堉; 1580~1658)은 조선 후기의 문신으로 기묘사화(己卯士禍) 때 개혁을 외치다 죽은 기묘팔현(己卯八賢)의 한사람인 김식(金湜)의 3대손으로 본관은 청풍, 자는 백후(白厚), 호는 잠곡(潛谷)·회정당(晦靜堂)이다.

　1605년(선조 38년) 사마시, 1624년(인조 2년) 증광문과에 급제한 후 많은 관직을 거쳐 효종(孝宗) 즉위 후 대사헌·우의정에 올랐으며, 실록청 총재관으로 《인조실록(仁祖實錄)》을 편

찬하였으며 1655년(효종 6년)
영의정에 올랐다.

김육은 자기의 신념과 어긋
난 어떤 것과도 타협을 거부하
는 꼿꼿한 선비로, 대동법(大
同法)의 확대실시 문제를 놓고
김집(金集)과 격론을 벌이면서
까지 이를 관철시켰다. 대동법
의 실시를 반대한 김집(金集)
과의 불화로 인하여 그는 중추

김육 신도비

부영사로 물러앉은 적도 있었지만, 불철주야 대동법의 시행세
칙을 마련하여 대동법이 전국적으로 화대 실시될 수 있는 기록
을 마련하였다.

김육의 이런 성품은 이미 성균관 시절 약관의 나이에 두드러
진 바 있있다.

광해군 때 그는 성균관 학생들과 함께 청종사오현소(請從祀
五賢疏; 김광필, 정여창, 조광조, 이언적, 이황 등 5인을 문묘
에 배향할 것을 청하는 소)를 올렸다가 정인홍의 반대로 좌절
되자 정인홍을 유적(儒籍)에서 삭제해 버려 정계와 학계에 커
다란 파문을 일으켰다. 이것이 화근이 되어 김육은 문과에 응
시할 자격까지 박탈당하게 되자 성균관을 떠나 경기도 가평 잠
곡 청덕동에 은거하였다. 이때부터 호를 스스로 잠곡이라 하였
다. 1623년 서인(西人)의 인조반정(仁祖反正)으로 다시 조정에

복귀하였다.

그는 민생안정을 내세워 효종(孝宗)의 북벌계획을 끝까지 반대하였고, 청나라에서 화폐와 수레의 이점을 배워 이를 사용함으로써 경제를 윤택하게 할 것을 역설하였다. 서양의 역법인 시헌력(時憲曆)을 도입하게 된 것도 그의 줄기찬 노력에 의한 것이었다. 그는 단순한 유자가 아니라 지지와 병략, 복서에도 밝은 경세가였던 것이다. 시호는 문정(文貞)이다.

묘는 정경부인 파평 윤씨와 합장하였는데 곡장을 둘렀고 묘 앞에는 묘비, 상석, 향로석, 장명등, 망주석, 문인석이 배치되어 있으며 묘비에는 「崇禎後己亥九月」이란 명문이 있어 1659년(효종 10년)에 건립되었음을 알 수 있다.

신도비는 장방형의 비좌와 이수를 갖추고 있으며 그 조각이 정교하고 매우 아름답다.

비문의 상단에 「領議政諡文貞神道碑銘」이라 전액되어 있으며, 이경석이 글을 짓고 김좌명이 썼다.

김식(金湜) 묘 및 신도비

소재지 : 남양주시 삼패동 산 29-1

김식 묘

김식(金湜; 1482~1520)은 조선
전기의 문신으로, 조광조 등과 함
께 기묘팔현(己卯八賢)으로 일컬어
지며, 영의정에 증직되었으며 시호
는 문의(文毅)이다. 묘역은 부인과
쌍봉으로 남서향하고 있으며, 최근
새로 정비한 것으로 보인다. 신도
비는 묘역 입구에 있던 것을 철로
공사로 인하여 현위치로 옮겼으며
복련을 조각한 장방형의 대석과 비
신 및 이수를 갖추고 있다.

김식 신도비

세운내 석실서원

겸재 정선의
석실서원도

　석실서원(石室書院)은 문충공 김상용(金尙容)과 문정공 김상헌(金尙憲)의 충절과 학덕을 추모하기 위해 1656년(효종 7년) 지방 유림의 공의를 모아 창건된 조선 후기의 대표적인 서원 중 하나이다. 1663년(현종 4년)에 석실사(石室祠)라는 편액(扁額)을 하사받고, 사액서원으로 승격되었다. 석실서원은 현 경기도 남양주시 수석동 세운내에 소재하고 있었으나 현재는 그 유지(遺址)만 남아 있다.

　처음에는 김상용과 김상헌만을 향사(享祠)하였으나 당쟁의

석실서원지 원경

양상에 다라 추배(追配)와 출향(黜享)이 거듭되는 변화를 보이
게 되었다. 1695년(숙종 21년)에 서원 첩설(疊設)의 고질적 폐
해가 논란이 되고 있는 가운데, 예조참의 이징명(李徵明) 의 상
소로 김수항(金壽恒), 민정중(閔鼎重), 이단상(李端相)의 석실
서원 추배 논의가 시작되었다. 이 세사람은 모두 양주가 고향
으로 지업(志業)과 덕행(德行)이 뛰어나다는 것이 배향을 청하
는 사유였다.

　2년 뒤인 1697년(숙종 23년) 김수항·민정중·이단상의 배
향이 결정되었으며, 1710년(숙종 36년)에는 김수항의 차자(次
子) 김창협(金昌協)이 추가 배향되었다. 신임사화(辛壬士禍)로
김창집(金昌集)이 사사(賜死)된 후 1723년(경종 3년) 그의 부
(父)와 제(弟)가 되는 김수항, 김창협의 배향이 유궁(儒宮)을 욕
되게 한다하여 철거하게 되었으나 1724년(영조 원년) 양주 유
학 이지항 등의 상소로 복향(復享)이 결정되었다. 1760년(영조
36년), 1760년(영조 38년), 1776년(정조 즉위년), 1806년(순조

185

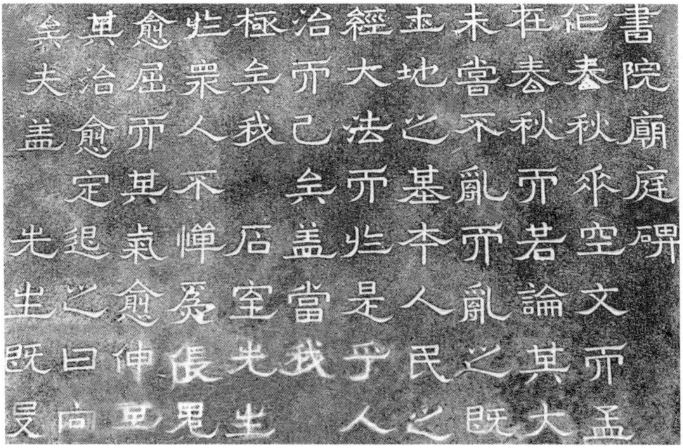

석실서원 묘정비

4년) 등 수 차례에 걸쳐 징사 김창흡(金昌翕)의 추배를 건의하는 상소가 있었으나 윤허를 받지 못하였으며, 1857년(철종 8년) 5월 팔도유생들의 상소로 김창흡, 김원행(金元行), 김이안(金履安)의 배향이 이루어진 것을 시작으로 연이어 김창집, 김조순(金祖淳)의 추배가 결정됨으로써 배향이 완료되었다.

　석실서원은 창건된 이후 양주를 비롯한 경기 일원의 유림근거지로서 선현배향과 지방교육의 일익을 담당하였다. 안동 김씨 일문의 사당이라고 비난받기도 하였으나, 김상용과 김상헌의 충절을 기리는 데 있어서는 당색을 초월하여 이견이 없었던 것으로 분석된다. 1868년(고종 5년) 대원군이 서원을 혁파할 때 철폐대상에 올라 완전히 훼철되었으며, 위패는 매안(埋安)하고 서원터는 폐허화되어 현재에 이르고 있다.

조말생(趙末生) 묘 (향토유적 제8호)

소재지 : 남양주시 수석동 산2-1

조말생 묘비

　조말생(趙末生; 1370~1447)은 조선 초기의 문신으로 병조
판서를 역임하였다. 특히 묘비는 귀부와 비신, 팔작지붕의 옥
개석으로 되어 있는데 웅장한 자태를 보여주고 있는 것이 특징
이다. 거북머리가 왼쪽으로 향하고 있는 것이 특이하다.

수석리 토성(水石里 土城)

(기념물 제94호)

소재지 : 남양주시 수석동 산2-2

수석리 토성 표석

　수석리 토성(水石里 土城)은 남양주시 수석동에 위치하고 있다. 이 토성은 한강변의 해발 82.3m의 야산에 위치하고 있는 토축성으로 수석리에서 서쪽으로 아차산이 보이고 남쪽으로는 이성산이 보이며, 마을 앞에는 미음나루가 있는 전략적 요충지이다. 이 지역은 한 때 한강의 수로로 인하여 상당히 번성했던 마을이라고 한다.

　성지는 일면 토미재라고도 불리는 산 정상부에 있는데, 전체 둘레는 140.5m이고 직경은 남북이 37.5m, 동서가 49.3m인

반월형의 테뫼식 토성이다. 이 성은 특별히 토축을 하였다기보다는 산 정상부를 삭토하여 만든 것으로 보이며 높이는 4~5m정도이다. 즉 삼국시대 성중에서 백제시대의 성은 자연환경을 그대로 이용하며 성을 조성하였는데 이 성도 그와 같은 경우였다. 문지(門址)는 보이지 않는다. 성내에는 동서 13.5m, 남북 5.7m, 높이 4.8m의 고대(高臺)가 만들어져 있는데 가운데 부분이 약간 우묵하고 불에 탄 돌들이 있는 것으로 보아 시대를 달리하여 봉화를 올렸던 자리로 보인다.

수석리 성지는 후대에는 봉수로서의 기능이 더 많았던 것으로 생각되며 한강변에 위치하고 있어 수로의 관측과 통제를 용이하게 했을 토성이다. 결국 이 성은 고구려의 남침으로 백제가 서울을 공주로 옮긴이레 관방이나 나루터 보루로 삼아 군사를 주둔시키며 국방의 요새로 삼았던 곳이다. 한강변에 자리잡고 남으로 남한산성을 의지하고 북으로 고구려를 경계할 수 있는 전략으로 요충지이다. 이 토성은 백제가 멸망할 때까지 존속되었던 2백여 성의 하나로 군사의 임무와 지방 통제의 주 임무를 지녔던 지방요새이다.

알고가기

토성축조법

- 삭토법(削土法) : 지형의 안팎을 적절히 깍아 만듬. 급경사의 성벽을 조성하는 방법.
- 판축법(版築法) : 일정한 두께씩 흙을 파서 다진 다음 다시 쌓아 올리는 방식.
- 성토법(盛土法) : 주변의 흙을 이용하여 일정한 높이까지 쌓아 올리고 마감높이에서 두들겨 일정한 성벽형태를 조성.

가운동 지석묘 (문화재자료 제80호)

가운동 지석묘

지석묘는 청동기시대 대표적인 분묘로 고인돌이라고도 한다.
남양주지역에는 많은 지석묘가 있었지만 현재는 거의 파괴
되었고, 그중 가운동 지석묘는 직접 육안으로 확인되는 몇 안
되는 지석묘 중의 하나이다. 이 지석묘의 규모는 장축 3.3m,
단축 1.6m, 높이 0.6m이다. 이 일대는 지석묘 외에도 많은 선
사유적이 조사된 바 있어 선사시대 집단 취락지일 가능성이 높
은 곳이다.

삼주삼산각 (三洲三山閣)

소재지 : 남양주시 수석동 미음마을

삼주삼산각도

　삼주삼산각(三洲三山閣)은 현재 수석동 미음마을에 있었던 농암 김창협(金昌協)의 별서(別墅)이다. 이 집은 현재 유지(遺址)만이 남아 있지만 겸재 정선(鄭敾; 1676~1759)의 경교명승첩(京郊名勝帖) 중에 삼주삼산각도가 남아 있어 회화사에 귀중한 자료가 되고 있다. 이 그림은 강상에서 바라본 경치를 부감법(俯瞰法)으로 그린 것으로 미음 마을의 풍경이 묘사되어 있다. 이곳과 석실서원은 멀지 않은 곳에 위치하고 있어 김창협이 석실서원으로 강(講)하러 가는 모습이 떠오르는 곳이다.

고산촌(孤山村)

고산 윤선도 기념비

　　고산촌(孤山村)은 윤선도(尹善道; 1587~1671)의 별서(別墅)
가 있었던 곳이다. 근처 미음나루 일대에 소공원과 기념비를
세워 그의 업적을 기리고 있다.

구리시 지정 문화재 일람표

	지정내용	명칭	소재지	지정일
국 가	사적 193	동구릉 - 건원릉 - 현릉 - 목릉 - 숭릉 - 휘릉 - 혜릉 - 원릉 - 경릉 - 수릉	사노동 산2-1	1970. 5.26
	사적 364	명빈묘	아천동 산14	1991.10.25
	중요무형문화재 42	악기장(윤덕진)	1995. 3.16	
경 기 도	유형문화재 126	나만갑신도비	사노동 산170	1985. 6.28
	무형문화재 15	갈매동도당굿		1995. 8.14

남양주시 지정문화재 일람표

	지정내용		명칭	소재지	지정일
국가	보물	397	봉선사대종	진접읍 부평리 255	1963. 9. 2
	사적	197	광릉	진접읍 부평리 산100-1	1970. 5. 26
		207	홍유릉	금곡동 산 141-1	1970. 5. 26
			- 홍릉		
			- 유릉		
		209	사릉	진건읍 사능리 산65-1	1970. 5. 26
		356	순강원	진접읍 내각리 150	1991. 10. 25
		360	휘경원	진접읍 부평리 267	1991. 10. 25
		363	광해군묘	진건읍 송능리 산59	1991. 10. 25
		365	성묘	진건읍 송능리 산55	1991. 10. 25
		366	안빈묘	진건읍 송능리 산66	1991. 10. 25
		367	영빈묘	진접읍 창현리 175	1991. 10. 25
	천연기념물	11	광릉 크낙새서식지	진접읍 부평리 산100-1	1962. 12. 3
		232	양지리 향나무	오남읍 양지리 532-1	1970. 11. 9
	중요민속자료	129	여경구 가옥	진접읍 내곡리 286	1984. 1. 10
		130	궁집	평내동 426-1	1984. 1. 10
경기도	유형문화재	22	수종사5층석탑	조안면 송촌리 1060	1972. 5. 4
		53	불암사 경판	별내면 화접리 797	1974. 9. 26
		127	한확 선생 신도비	조안면 능내리 산69-5	1985. 6. 28
		157	수종사 부도	조안면 송촌리 1060	1995. 8. 7
		165	봉선사 궤불	진접읍 부평리 255	1998. 1. 20
		166	신제 한상경 영정	진접읍 금곡리 785	1998. 3. 20

지정내용		명칭	소재지	지정일
기념물	7	정약용 선생 묘	진접읍 부평리 산100-1	1970. 5. 26
	48	흥선대원군 묘	화도읍 창현리 산 22-2	1978. 10. 10
	55	덕흥대원군 묘	별내면 덕송리 산 5-13	1980. 6. 13
	78	류량 선생 묘	조안면 시우리 산 26	1984. 9. 12
	94	수석동 토성	수석동 산2-2	1986. 5. 7
	99	김상용 선생 묘	와부읍 덕소리 산6	1988 3. 21
	100	김상헌 선생 묘	와부읍 덕소리 산5	1988 3. 21
	114	이맹현 선생 묘	와부읍 도곡리 산45-1	1988. 12. 2
	170	충렬공 박원종 묘역	와부읍 도곡리 산31	2000. 4. 17
	177	청풍김씨 문익공파 묘역	삼패동 산29-1 일원	2001. 9. 17
문화재자료	54	이순지 선생 묘	화도읍 차산리 산5	1984. 9. 12
	56	흥국사 대웅보전	별내면 덕송리 331	1985. 6. 28
	80	가운동 지석묘	가운동 산17-2	1990. 2. 6
	102	양평동 한계순 묘역	진접읍 금곡리 산126	2001. 1. 22
	105	신빈 신씨 묘역	와부읍 도곡리 산41	2001. 9. 17
	114	남재 선생 묘역	별내면 화접리 282-7	2002. 8.
	115	이보 선생 묘역	화도읍 녹촌리 192	2002. 8.
	116	변안열 선생 묘역	진건읍 용정리 704-1	2002. 8.
민속자료	9	덕릉마을 산신각	별내면 덕송리 산5-126	1996. 12. 24
무형문화재	1	계명주	수동면 지둔리 279	1987. 2. 12
	25	자수장, 궁수	와부읍 덕소리	1998. 9. 21
향토유적	1	묘적사 8각 7층석탑	와부읍 월문리 222	1986. 4. 10
	4	의안대군 사당	평내동 151	1986. 4. 10
	7	남재 선생 묘	별내면 청학리 산78	1986. 4. 10
	8	조말생 선생 묘비	수석동 산2-1	1990. 11. 2

경기도

남양주시

편집후기 및 일러두기

* 이 책은 학생과 일반인들이 구리/남양주지역 일대의 문화유적을 이해하는 데 도움을 주기 위해 발간되었다.

* 내용은 교통과 지리를 감안하여 7개 권역을 나누어 일일답사가 가능하도록 정리하였다.

* 아차산성은 지리상으로 서울특별시 광진구에 속하지만 아차산을 이해하기 위해 아차산 코스에 포함하여 기록하였다.

* 참고문헌은 아래와 같다.
  · ≪삼국사기≫
  · ≪삼국유사≫
  · ≪고려사≫
  · ≪조선왕조실록≫
  · ≪신증동국여지승람≫
  · 양주문화원, ≪양주군지≫, 1992.
  · 한국문원, ≪왕릉≫, 1995.
  · 구리시, ≪구리시지≫상, 1996.
  · 남양주시 · 남양주문화원, ≪남양주문화유적≫, 1997.
  · 서일대학 강경향토문화연구소 · 남양주문화원, ≪석실서
    원≫, 1998.

· 경기도, ≪경기문화대관≫, 1998.
· 남양주문화원·남양주시, ≪남양주시의 역사와 문화유적≫,
 1999.
· 남양주시편찬찬위원회, ≪남양주시지≫1 역사, 2000.
· 남양주시편찬찬위원회, ≪남양주시지≫2 문화재와 인물,
 2000.
· 남양주시, ≪문화유적 길라잡이≫

 * 조사에 협조해 주신 모든 분들과, 그밖에 자료정리와 입력
등 작업과정에서 도움을 주신 모든 분들께 감사드린다.

구리·남양주 문화유산기행

인쇄일 초판 1쇄   2003년 02월 28일
　　　　 2쇄   2018년 02월 02일
발행일 초판 1쇄   2003년 03월 15일
　　　　 2쇄   2018년 02월 10일

지은이 윤 종 일

발행인 정 찬 용

발행처 **국학자료원**

등록일 1987.12.21, 제17-270호

서울시 강동구 성내동 447-11 현영빌딩 2층

Tel : 442-4623~4 Fax : 442-4625

www. kookhak.co.kr

E- mail : kookhak2001@hanmail.net

ISBN 978-89-541-0021-2 *03900

가 격 10,000원

*저자와의 협의 하에 인지는 생략합니다.